SERGIO MARTÍN CARRASCO
JORGE ZAPATA SANTOS

FICHERO DE JUEGOS INTERDISCIPLINARES DE EDUCACIÓN FÍSICA:
SU CONTRIBUCIÓN A LAS COMPETENCIAS BÁSICAS

Título: FICHERO DE JUEGOS INTERDISCIPLINARES DE EDUCACIÓN FÍSICA: SU CONTRIBUCIÓN A LAS COMPETENCIAS BÁSICAS.

Autores: SERGIO MARTÍN CARRASCO Y JORGE ZAPATA SANTOS

Portada e ilustraciones: Francisco Javier Calvellido Pavón

Editorial: WANCEULEN EDITORIAL DEPORTIVA, S.L.
C/ Cristo del Desamparo y Abandono, 56 41006 SEVILLA
Tlfs 954656661 y 954920298
www.wanceulen.com   infoeditorial@wanceulen.com

ISBN: 978-84-9993-304-7

Dep. Legal: SE 549-2013
©Copyright: WANCEULEN EDITORIAL DEPORTIVA, S.L.
Primera Edición: Año 2013
Impreso en España: Publidisa

Reservados todos los derechos. Queda prohibido reproducir, almacenar en sistemas de recuperación de la información y transmitir parte alguna de esta publicación, cualquiera que sea el medio empleado (electrónico, mecánico, fotocopia, impresión, grabación, etc), sin el permiso de los titulares de los derechos de propiedad intelectual. Cualquier forma de reproducción, distribución, comunicación pública o transformación de esta obra solo puede ser realizada con la autorización de sus titulares, salvo excepción prevista por la ley. Diríjase a CEDRO (Centro Español de Derechos Reprográficos, www.cedro.org) si necesita fotocopiar o escanear algún fragmento de esta obra.

Sois el principio de este comienzo,
nuestros padres, familia, amigos, compañeros y alumnos.

ÍNDICE

1. INTRODUCCIÓN 9

2. LA INTERDISCIPLINARIEDAD EN EL ÁREA DE EDUCACIÓN FÍSICA 11
    2.1 REFERENCIAS LEGISLATIVAS Y CURRICULARES 11
    2.2 LA INTERDISCIPLINARIEDAD EN LAS SESIONES DE EDUCACIÓN FÍSICA 12

3. EL ÁREA DE EDUCACIÓN FÍSICA Y LAS COMPETENCIAS BÁSICAS 15
    3.1 EL ORIGEN DE LAS COMPETENCIAS BÁSICAS 15
    3.2 CARACTERÍSTICAS DE LAS COMPETENCIAS BÁSICAS 16
    3.3 ¿CÓMO SE ADQUIEREN LAS COMPETENCIAS BÁSICAS? 17
    3.4 ¿CUÁLES SON LAS COMPETENCIAS BÁSICAS? 18
    3.5 CONTRIBUCIÓN DEL ÁREA DE EDUCACIÓN FÍSICA AL DESARROLLO DE LAS COMPETENCIAS BÁSICAS 18

4. FICHERO DE JUEGOS INTERDISCIPLINARES DE EDUCACIÓN FÍSICA 29
    4.1 JUEGOS: INTERDISCIPLINARIEDAD CON EL ÁREA DE LENGUAJE 30
    4.2 JUEGOS: INTERDISCIPLINARIEDAD CON EL ÁREA DE MATEMÁTICAS 50
    4.3 JUEGOS: INTERDISCIPLINARIEDAD CON EL ÁREA DE CONOCIMIENTO DEL MEDIO 70

5. FUENTES BIBLIOGRÁFICAS 91

1. INTRODUCCIÓN.

La necesidad de un enfoque globalizador en la etapa de Educación Primaria, para facilitar el proceso de aprendizaje de nuestros alumnos, nos llevan a varios maestros del área de Educación Física a avanzar en nuestra labor docente, buscando nuevos caminos que conecten los contenidos propios de nuestra disciplina con el resto de materias que forman el currículo de Primaria, así como con las competencias básicas, aprendizajes imprescindibles desde un planteamiento educativo integrador.

Las páginas iniciales mostrarán desde una perspectiva teórica, aunque siempre orientada a la práctica, la interdisciplinariedad desde el área de Educación Física y la contribución que ésta hace a las competencias básicas. A continuación, nos centraremos en la parte más relevante y sin duda la que más poder de aplicación práctica tiene en nuestro trabajo. Un fichero compuesto por sesenta juegos, cuya relación con las áreas de lenguaje, matemáticas y conocimiento del medio, así como con las competencias básicas, es la que verdaderamente da sentido a este intento por alcanzar el enfoque globalizador del que hablamos.

Andalucía, expone "Siendo el objetivo esencial de la educación obligatoria el desarrollo integral de la persona, es imprescindible incidir, desde la acción educativa, en la adopción de las actitudes y los valores que, a partir del respeto al pluralismo, la libertad, la justicia, la igualdad y la responsabilidad, contribuyen a crear una sociedad más desarrollada y justa. Por otra parte, y con la intención de favorecer el desarrollo de las capacidades del alumnado, se integrarán de forma horizontal en todas las áreas las competencias básicas, la cultura andaluza en el marco de una visión plural de la cultura, la educación en valores, la **interdisciplinariedad** y las referencias a la vida cotidiana y al entorno inmediato del alumnado".

Por último, en la Orden de 10 de agosto de 2007, por la que se desarrolla el currículo correspondiente a la Educación Primaria en Andalucía, en su artículo 3, dedicado a los principios para el desarrollo de los contenidos, aparecen también referencias a la interdisciplinariedad; apartado b): "La visión interdisciplinar del conocimiento, resaltando las conexiones entre diferentes áreas y la aportación de cada una a la comprensión global de los fenómenos estudiados".

2.2 LA INTERDISCIPLINARIEDAD EN LAS SESIONES DE EDUCACIÓN FÍSICA.

A continuación, proponemos algunos ejemplos prácticos que hacen posible la realidad interdisciplinar en Educación Física, vinculando los aprendizajes propios de nuestra área con el resto de áreas:

- *ÁREA DE LENGUAJE:*
    - Uso del lenguaje en el desarrollo de la actividad física: verbal y no verbal (auditivo, visual y kinestésico).
    - Terminología específica relacionada con el vocabulario propio del área de Educación Física (indiacas, picas, quitamiedos, etc.).
    - Uso de otro tipo de lenguaje, como el literario. Por ejemplo, en sesiones de expresión corporal, desarrollando actividades teatrales.
    - Lectura de textos relacionados con la actividad física.

- *ÁREA DE MATEMÁTICAS:*
  - Uso del sistema de numeración para tanteos, formaciones de grupos, etc.
  - Uso de operaciones matemáticas en las actividades y juegos, en la división de grupos, sumas de puntuaciones, etc.

- *ÁREA DE CONOCIMIENTO DEL MEDIO:*
  - Utilización del medio exterior para la realización de alguna actividad (medio natural, parque, instalación polideportiva del barrio, etc.).
  - Uso del material existente en ese medio para el desarrollo de nuestras actividades (piedras, arena, troncos, árboles…).
  - Utilización de materiales de desecho o reciclados (botellas, cartones, cajas, vasos de yogurt, trozos de tela, chapas, etc.).
  - Conocimiento e interpretación corporal (huesos, músculos, articulaciones y zonas corporales que intervienen en el movimiento).
  - Uso de la historia en nuestras sesiones.
  - Uso de la E. Física para concienciar acerca del respeto y conservación del medio natural.
  - Utilización de la E. Física para sensibilizar acerca de las desigualdades sociales por razón de sexo, raza, condiciones sociales, económicas o cualquier tipo de discapacidad psíquica, física o sensorial.

- *ÁREA DE LENGUA EXTRANJERA (INGLÉS):*
  - Utilización de terminología en inglés (basketball, football, cornet…).
  - Uso de los números ("juego el pañuelo") y colores en inglés ("juego los colores").

- *ÁREA DE EDUCACIÓN ARTÍSTICA (PLÁSTICAS Y MÚSICA):*
  - Uso de la expresión y representación desde el área de E. Física.
  - Teatro, danzas, bailes (populares, tradicionales y autóctonos), mimo, dramatización, movimientos expresivos, etc.
  - Confección de decorados, vestuarios…para estas actividades.
  - Creación y uso de materiales para el desarrollo de la E. Física (ornamentación de chapas, pompones, etc.).
  - Música en los juegos.

Nuestra propuesta interdisciplinar en Educación Primaria a través de la Educación Física es algo real. A menudo, a la hora de diseñar sesiones, incluir este aspecto es algo sencillo y casi de forma inconsciente lo hacemos. A pesar de esto, es necesaria una colaboración estrecha entre los maestros de las diferentes áreas, de forma que este trabajo tenga significado, contribuyendo a la educación integral de nuestros alumnos y consiguiendo una mejora en la calidad educativa.

3. EL ÁREA DE EDUCACIÓN FÍSICA Y LAS COMPETENCIAS BÁSICAS.

"Como novedad la Ley Orgánica 2/2006, de 3 de mayo, de Educación y su desarrollo a través del Real Decreto 1513/2006 introducen un nuevo concepto, las competencias básicas, o aspectos que se deberán adquirir en la enseñanza básica y a cuyo logro, en nuestro caso, deberán contribuir todas las áreas curriculares de la educación Primaria.

Las competencias básicas permiten identificar aquellos aprendizajes que se consideran imprescindibles desde un planteamiento integrador y orientados a la aplicación de los saberes adquiridos. Su logro deberá capacitar a los alumnos y alumnas para su realización personal, el ejercicio de la ciudadanía activa, la incorporación a la vida adulta de manera satisfactoria y el desarrollo de un aprendizaje permanente a lo largo de la vida".

Fuente documental: Muñoz, J.C. (Febrero de 2007). La Educación Física en la Ley Orgánica de Educación. Lecturas: Educación Física y Deportes, Revista Digital http://www.efdeportes.com. Buenos Aires, Año 11, N° 105.

3.1 EL ORIGEN DE LAS COMPETENCIAS BÁSICAS.

"Jiménez (2006), sobre el origen de las competencias afirma: "Desde los años 90, la Unión Europea y la Organización para la Cooperación y el Desarrollo Económicos (OCDE), entre otros organismos internacionales, han venido promoviendo proyectos y estudios sobre el aprendizaje basado en competencias que han ido dando luz a trabajos y publicaciones relevantes (...) hoy día el debate sobre las competencias básicas y los criterios para su selección y evaluación centran la atención de los pedagogos y educadores, además de la de los responsables de política educativa".

Así pues, las competencias básicas surgen de directrices europeas que mantienen que todos los países deben fomentar su adquisición.

"La Comisión Europea de Educación ha establecido unas competencias clave o destrezas básicas necesarias para el aprendizaje de las personas a lo largo de la vida y ha animado a los estados miembros a dirigir sus políticas educativas en esta dirección. En este contexto, España a través de la Ley Orgánica de Educación, pasa a considerar las competencias básicas como una meta educativa básica en la escolarización obligatoria (6 a 16 años; Educación Primaria y Educación Secundaria Obligatoria)".

Fuente documental: V.V.A.A. (Marzo de 2008). El desarrollo de las competencias básicas a través de la Educación Física. Lecturas: Educación Física y Deportes, Revista Digital http://www.efdeportes.com. Buenos Aires, Año 12, N° 118.

3.2 CARACTERÍSTICAS DE LAS COMPETENCIAS BÁSICAS.

"Como características comunes a todas ellas podemos destacar:

1. Proporcionan la capacidad de saber hacer, es decir, de aplicar los conocimientos a los problemas de la vida profesional y personal. Incluyen una combinación de saberes, habilidades y actitudes.
2. Pueden ser adquiridas en todo tipo de contextos: escuela, en casa y en ámbitos extraescolares.
3. Son multifuncionales (pueden ser utilizadas para conseguir múltiples objetivos).
4. Tienen un carácter integrador, aunando los conocimientos, los procedimientos y las actitudes (saber, ser, saber hacer).
5. Permiten integrar y relacionar los aprendizajes con distintos tipos de contenidos, utilizarlos de manera efectiva y aplicarlos en diferentes situaciones y contextos (aplicabilidad y transferencia).
6. Se deben aprender, renovar y mantener a lo largo de toda la vida.
7. Constituyen la base de los aprendizajes básicos posteriores.
8. Se inspiran en la teoría relacionada con el aprendizaje basado en competencias (Competency Based Training).

En definitiva, pretenden que se adquieran e integren las tres formas contemporáneas del saber:

- Saber teórico (conocimientos) SABER.
- Saber práctico (habilidades y destrezas) SABER HACER O SABER COMO HACER.
- Saber ser (actitudes) SER".

Fuente documental: V.V.A.A. (Marzo de 2008). El desarrollo de las competencias básicas a través de la Educación Física. Lecturas: Educación Física y Deportes, Revista Digital http://www.efdeportes.com. Buenos Aires, Año 12, N° 118.

3.3 ¿CÓMO SE ADQUIEREN LAS COMPETENCIAS BÁSICAS?

"Las competencias básicas se pueden adquirir:

1. A través de las diferentes áreas curriculares: Cada una de las áreas curriculares ha de contribuir al desarrollo de las competencias básicas y cada una de las competencias básicas se alcanzará desde el trabajo de varias áreas o materias. Hablamos, por tanto, de competencias básicas transversales.

2. Las medidas no curriculares o paracurriculares:
    - Acción tutorial de maestros.
    - A través de la planificación y realización de actividades complementarias y extraescolares.

3. Son responsabilidad de la Comunidad Educativa: de los centros escolares, la administración educativa, los profesores, y la familia; pero también se adquieren a través de la influencia de estamentos sociales extraacadémicos: medios de comunicación, otros agentes socioculturales, etc".

Fuente documental: V.V.A.A. (Marzo de 2008). El desarrollo de las competencias básicas a través de la Educación Física. Lecturas: Educación Física y Deportes, Revista Digital http://www.efdeportes.com. Buenos Aires, Año 12, N° 118.

3.4 ¿CUÁLES SON LAS COMPETENCIAS BÁSICAS?

En el anexo I del REAL DECRETO 1513/2006, de 7 de diciembre, por el que se establecen las enseñanzas mínimas de la Educación Primaria se identifican estas ocho competencias básicas:

1) Competencia en comunicación lingüística.
2) Competencia matemática.
3) Competencia en el conocimiento y la interacción con el mundo físico.
4) Tratamiento de la información y competencia digital.
5) Competencia social y ciudadana.
6) Competencia cultural y artística.
7) Competencia para aprender a aprender.
8) Autonomía e iniciativa personal.

3.5 CONTRIBUCIÓN DEL ÁREA DE EDUCACIÓN FÍSICA AL DESARROLLO DE LAS COMPETENCIAS BÁSICAS.

A continuación, partiendo del citado REAL DECRETO 1513/2006, mostramos la contribución que el área de Educación Física realiza al desarrollo de cada una de las competencias básicas reflejadas anteriormente:

1. Competencia en comunicación lingüística.

La contribución del área a la competencia en comunicación lingüística es considerable.

La comunicación y la creación son dos de los pilares básicos de la educación, y la Educación Física tiene mucho que aportar en este ámbito. El lenguaje oral y escrito, junto con el resto de lenguajes expresivos (corporal, plástico, musical) ha de ser usado en esta área para un propósito comunicativo, para conseguir un resultado fácilmente detectable por el alumnado.

Las siguientes son un ejemplo de actividades y tareas de lectura con un objetivo concreto: leer para dibujar, leer para entender las reglas o la dinámica de un juego o deporte, leer para transcribir la clave de una baliza en orientación deportiva, leer para evaluar o evaluarse mediante fichas de control o de autoevaluación, leer para explicar por escrito o elaborar un informe, leer para representar una escena, leer para opinar críticamente...

En cualquier caso hemos de perseguir que el alumnado disfrute escuchando, leyendo, expresándose de forma verbal o no verbal. El juego, el cuento motriz, las leyendas como introducción a un juego, las tareas lúdicas son una excelente baza para ello. La alta motivación que los contenidos del área suelen suscitar entre los niños puede ser aprovechada para promover una actitud favorable a la lectura como fuente de placer, de descubrimiento de otros mundos no cotidianos, de fantasía y de saber.

Son relevantes las referencias al propio proceso de aprendizaje y comunicación por parte del alumnado. Durante las clases, se puede pedir a los niños que expliquen sus respuestas verbales y motrices: "¿cómo lo sabes?", "¿cómo lo has hecho?" o "por qué lo has hecho así". También la expresión de sus vivencias y emociones: "¿cómo te has sentido?" o "¿qué te ha pasado?" y la explicación de sus "errores" en la resolución de las tareas motrices, constituye una ocasión para motivar actuaciones reflexivas por parte del alumnado.

Teniendo en cuenta la responsabilidad como modelos de lengua y lenguaje el profesorado prestará atención a su uso correcto en las consignas con las que se presentan las tareas y se interviene en las actividades.

La presencia de vocablos propios; la inclusión de los juegos del mundo y el uso de palabras extranjeras tan común en el ámbito deportivo, ha de contribuir a crear una actitud positiva de apreciación de la diversidad cultural y a fomentar el interés y la curiosidad por las lenguas y la comunicación intercultural.

2. **Competencia en comunicación matemática.**

La Educación Física puede colaborar igualmente al desarrollo de la competencia matemática.

Esta competencia adquiere sentido en la medida en que ayuda a enfrentarse a situaciones reales, a necesidades cotidianas o puntuales fuera o dentro del ámbito de la Educación Física.

Los números, el orden y sucesión, las operaciones básicas y las formas geométricas aparecen de forma constante en la explicación de juegos y deportes, en la organización de equipos y tareas, en las mismas líneas del campo de juego. Las nociones topológicas básicas y la estructuración espacial y espacio-temporal están estrechamente vinculadas al dominio matemático. Distancia, trayectoria, velocidad, aceleración, altura, superficie... son términos usuales que permiten vivenciar desde la motricidad conceptos matemáticos.

La iniciación a la orientación deportiva introduce al alumnado en las escalas, en la proporción, en los rumbos como distancias angulares... En las salidas a la naturaleza la trigonometría nos permite determinar los puntos cardinales usando el reloj o un palito durante un día soleado; también determinar la altura de un árbol o pared que queremos escalar, o la anchura de un río que vamos a cruzar. Averiguamos el número de marchas de la bicicleta multiplicando los platos por los piñones, e identificamos el tipo de cubierta de la rueda por la numeración en pulgadas que lleva inscrita para indicarnos el diámetro y la anchura de la banda de rodadura.

Son sólo ejemplos, pero ilustrativos de cómo las situaciones didácticas del área de Educación Física pueden ser aprovechadas para desarrollar esta competencia si ponemos atención en identificarlas previamente.

El cronometraje de tiempos, la toma de pulsaciones, el registro de marcas y su evolución para ir constatando el desarrollo de la condición física, permiten producir información con contenido matemático. Multitud de juegos brindan al alumnado la oportunidad de encontrar aplicaciones reales de las matemáticas al basarse o incluir en su desarrollo nociones o elementos como los ejes y planos de simetrías, figuras y formas geométricas en el espacio, recta, curva, paralelismo, perpendicularidad, aleatoriedad, reparto proporcional o no, magnitudes e instrumentos de medida, estimación y cálculo de medidas, unidades del sistema métrico decimal, resolución de problemas mediante la deducción lógica, cálculo mental de puntuaciones, etc.

Su aprovechamiento didáctico depende de que seamos conscientes de ello y lo hagamos consciente al alumnado.

3. Competencia en el conocimiento y la interacción con el mundo físico.

El área de Educación Física contribuye esencialmente a la competencia en el conocimiento y la interacción con el mundo físico, tanto en sus aspectos naturales como en los generados por la acción humana.

Forma parte de esta competencia la adecuada percepción de uno mismo y del espacio físico en el que nos movemos y la habilidad para interactuar con él: moverse en él, orientarse y resolver problemas en los que intervengan los objetos y su posición.

El conjunto de contenidos relativos a las actividades físicas al aire libre y a la salud ofrecen también la posibilidad de analizar y conocer mejor la naturaleza y la interacción del ser humano con ella, desarrollando a su vez la capacidad y la disposición para lograr una vida saludable en un entorno también saludable.

La mejora de la calidad de vida pasa por un uso responsable de los recursos naturales, la preservación del medio ambiente, el consumo racional y responsable y la educación para la salud. Los juegos y deportes en la naturaleza y los contenidos actitudinales asociados a los mismos, el juego con materiales reciclados y reutilizados, la adquisición de hábitos saludables de ejercicio físico para la ocupación del tiempo de ocio, se dirigen en esa línea.

Contribuiremos en esta competencia al conocimiento y valoración de los beneficios para la salud de la actividad física, de la higiene, la corrección postural y la alimentación equilibrada. También al conocimiento de los riesgos inherentes a la práctica de ejercicio o el deporte en relación al medio, a los materiales o a la ejecución, y de los riesgos asociados al sedentarismo, al consumo de sustancias tóxicas o al abuso del ocio audiovisual.

Desde todas estas ópticas, la Educación Física ocupa un lugar relevante en el desarrollo de esta competencia y así se refleja en los objetivos, contenidos y criterios de evaluación del área.

4. Tratamiento de la información y competencia digital.

En cierta medida el área de Educación Física puede contribuir a la adquisición de la competencia digital y sobre el tratamiento de la información mediante la valoración crítica de los mensajes referidos al cuerpo, procedentes de los medios de información y comunicación, que puedan dañar la imagen corporal.

Junto a la búsqueda y procesamiento de información procedente de fuentes tradicionales como los libros o el diccionario, es posible recurrir al uso de las TIC como fuente potencial de búsqueda y transformación de la información, sin descuidar la atención a los riesgos que un uso abusivo de los soportes digitales, videojuegos, móviles y demás pantallas de visualización de datos pueden generar para la salud.

Debemos ser conscientes de que el área de Educación Física es un área esencialmente vivencial, que los tiempos de acción motriz son decisivos para que la actividad física tenga una incidencia significativa en el alumnado en todos los ámbitos de su personalidad. El uso de las TIC ha de ser cuidadosamente considerado para conseguir la máxima eficacia didáctica en los limitados tiempos que puedan dedicarse a ellas, por ejemplo con programas de mejora de la orientación espacial, de la coordinación viso manual a través del manejo del ratón y el teclado, webquest sobre contenidos del área, registro de datos sobre al propia condición física en un archivo personal o cuaderno digital del área, búsqueda y elaboración de fichas de juegos tradicionales o juegos del mundo, etc. El uso del cañón de proyección resultará interesante para la presentación de temas, cuentos motrices, proyección de trabajos elaborados por el alumnado, visionado de grabaciones de producciones expresivas o bailes, etc. Sin duda, los TabletPC añaden nuevas posibilidades en este campo.

5. Competencia social y ciudadana.

Asimismo, el área contribuye de forma esencial al desarrollo de la competencia social y ciudadana ayudando a aprender a convivir, desde la elaboración y aceptación de las reglas, desde el respeto a la autonomía personal, la participación y la valoración de la diversidad. Las actividades dirigidas a la adquisición de las habilidades motrices requieren la capacidad de asumir las diferencias así como las posibilidades y limitaciones propias y ajenas. El cumplimiento de la norma en el juego colabora en la aceptación de códigos de conducta para la convivencia. Las actividades físicas competitivas pueden generar conflictos en los que es necesaria la negociación, basada en el diálogo, como medio de resolución.

Junto a estas consideraciones, la inclusión en el currículo de Educación Física del bloque de contenidos sobre actividad física, salud y educación en valores, es muestra del compromiso que el área adquiere para desarrollar valores como la paz, la igualdad de oportunidades para ambos sexos, la salud, el medio ambiente, la interculturalidad o el respeto mutuo que cimientan la convivencia humana.

La Educación en Valores se nutre, viene condicionada y condiciona las distintas esferas en las que se desenvuelve el ser humano: la personal, la relacional y la ambiental. El currículo de Educación Física puede contribuir en la esfera personal a la mejora de la autoestima, al conocimiento de las propias posibilidades y limitaciones, a aceptarse y quererse, a la autonomía y a la aceptación de responsabilidades. Los juegos de conocimiento y presentación, los juegos de autoestima, afectivos y de animación que propician el contacto corporal, las técnicas de relajación y visualización creativa, contribuyen a desarrollar la autoestima, la tolerancia, el respeto y valoración de las diferencias, la educación para la salud y la alegría. Ayudan a que el niño o la niña se conozcan mejor a sí mismo y conozcan mejor a los compañeros.

En la esfera relacional, la Educación Física ha de contribuir a la creación de un clima de clase relajado, abierto y seguro; al establecimiento democrático de las normas de clase, asegurando los medios para que se cumplan dichas normas; al aprendizaje de estrategias no violentas de resolución de conflictos; a la educación en la interculturalidad; a la igualdad, evitando discriminaciones de cualquier tipo, y especialmente, por razones de sexo, raza o nacionalidad.

La práctica de juegos y deportes cooperativos, así como la remodelación de juegos competitivos desde una óptica cooperativa, los juegos de expresión corporal y de resolución de conflictos, desarrollan actitudes tolerantes, respetuosas y solidarias con toda la comunidad educativa, educan para la paz, la cooperación, la tolerancia, el respeto y la solidaridad.

De igual forma, los juegos y danzas populares y de otras culturas y países, ayudan al conocimiento y aceptación de la propia identidad y de la diversidad como hechos enriquecedores a nivel personal y comunitario, promueven la tolerancia y la convivencia. La recopilación de juegos tradicionales puede servir de estímulo a la investigación, a la búsqueda de información en su ámbito familiar, a la vez que al análisis y crítica del propio juego. Hay juegos tradicionales sexistas, humillantes o violentos. Podemos dar entrada a la crítica y a la creatividad adaptando sus reglas para convertirlos en juegos respetuosos, coeducativos y pacíficos.

Los juegos y deportes alternativos: kin-ball, botebol, juegos de raquetas, sófbol, indiaca, frisbee, unihockey, etc. apuestan por una valoración de la coeducación como premisa básica para el juego, promoviendo una educación para la igualdad de oportunidades de ambos sexos. Su gran valor coeducativo radica en la ausencia de asignación cultural a uno u otro sexo, así como el ofrecer un mismo nivel de partida para niñas y niños.

En la esfera ambiental, desde la óptica de la educación en valores, la Educación Física puede contribuir al conocimiento y valoración del patrimonio natural y cultural de nuestra comunidad, a la educación para un consumo responsable y una utilización racional de los recursos naturales mediante juegos con materiales reciclados y reutilizados, la construcción de juguetes, juegos medioambientales, juegos tradicionales y las actividades físicas en la naturaleza.

6. Competencia cultural y artística.

La competencia cultural y artística supone producir, apreciar, comprender y valorar críticamente diferentes manifestaciones culturales y artísticas. La Educación Física contribuye a la adquisición de esta competencia a través de la exploración y utilización de las posibilidades y recursos expresivos y creativos del cuerpo y del movimiento; a través de la representación dramática, la música y la danza, el lenguaje corporal... y la sensibilidad para disfrutar y emocionarse con ellos.

La preparación de montajes o producciones expresivas, representaciones teatrales o bailes, requieren un esfuerzo cooperativo y asumir responsabilidades además de la capacidad de apreciar las contribuciones ajenas. En las actividades de expresión y comunicación el alumnado experimenta los papeles de creador, intérprete, espectador y crítico, en su caso. Para crear, el niño moviliza su imaginación y creatividad, su sensibilidad y afectividad.

Desde el reconocimiento y apreciación de las manifestaciones culturales específicas de la motricidad humana, tales como los deportes, los juegos tradicionales, las actividades expresivas o la danza y su consideración como patrimonio de los pueblos, la Educación Física ofrece una rica aportación para contribuir al desarrollo de esta competencia clave.

En otro sentido, el área favorece un acercamiento al fenómeno deportivo como espectáculo mediante el análisis y la reflexión crítica ante la violencia en el deporte u otras situaciones contrarias a la dignidad humana que en él se producen, así como ante las actitudes positivas que puede mostrar (compañerismo, superación, sacrificio...).

7. Competencia para aprender a aprender.

La Educación Física contribuye también a la competencia para aprender a aprender que implica iniciarse en el aprendizaje y ser capaz de continuarlo de manera autónoma. Requiere ser consciente de lo que se sabe, de las propias posibilidades y limitaciones, como punto de partida del aprendizaje motor, desarrollando un repertorio motriz variado que facilite su transferencia a tareas más complejas.

Como en otras competencias, importa la capacidad para obtener información y transformarla en conocimientos o aprendizajes efectivos, y no sólo en el ámbito cognitivo. Toda acción supone una interacción entre la percepción de uno mismo y la percepción del entorno, de forma que el yo y el mundo se estructuran recíprocamente. La percepción de uno mismo, la exploración de la propia motricidad y de los elementos del entorno, las habilidades perceptivomotrices están ligadas a la obtención y procesamiento de una cantidad ingente de información, que permite aplicar la propia motricidad en la resolución de problemas, o adaptarla a situaciones nuevas y medios con incertidumbre.

Las tareas motrices se ven condicionadas en su puesta en práctica por una serie de elementos como el espacio de acción, los materiales, los criterios de éxito, la organización de grupos, las consignas en torno a la ejecución, etc. Todos estos elementos pueden quedar regulados por la propuesta dada por el profesor, y además interesa que sea así en muchas actividades, pero es obvio que cuantos más aspectos queden regulados menor será la iniciativa y la implicación del alumnado en su propio aprendizaje. Las situaciones motrices libres, la exploración, las metodologías de búsqueda y descubrimiento pueden ser una importante aportación al desarrollo de la competencia para aprender a aprender.

8. Autonomía e iniciativa personal.

La competencia relativa a la autonomía e iniciativa personal también se aborda desde la Educación Física.

La construcción de la autonomía se asienta en el desarrollo madurativo del niño y en las interacciones que establece con el medio, sus iguales y los adultos (padres y profesorado). Desde la Educación Física ayudaremos a su consecución desarrollando el esquema corporal, las habilidades perceptivomotrices y las coordinaciones que permitan desenvolverse óptimamente en su entorno; también comprometiéndonos con una metodología activa, reflexiva y participativa que fomente la confianza en uno mismo, la responsabilidad, la autocrítica, la toma de decisiones con progresiva autonomía y la capacidad de superación.

Se reforzará la iniciativa personal y una sana valoración del rendimiento y del éxito que promuevan el esfuerzo y la superación, sin entrar en conflicto con la debida prioridad que el mismo esfuerzo, el disfrute y las relaciones interpersonales deben tener sobre el resultado del juego. Se resaltarán los logros para infundir confianza y seguridad en las propias posibilidades. Se pedirá al alumnado que asuma responsabilidades en su proceso de aprendizaje, por ejemplo, relacionadas con la gestión de su esfuerzo, materiales, calentamiento autónomo, organización de juegos, etc. Se procurará, en definitiva, que los niños y niñas disfruten de la actividad física viviendo experiencias satisfactorias y reforzantes que sean capaces de crear hábitos perdurables de ejercicio en la edad adulta.

Las técnicas de relajación, los juegos, las actuaciones frente a un público, las actividades de "riesgo", la competición en el deporte son oportunidades para desarrollar el control emocional. Habilidades sociales como la empatía, la escucha activa y la capacidad de afirmar y defender los propios derechos, han de estar en la base de las relaciones sociales del grupo y recibir el adecuado refuerzo por parte del profesorado.

"**Las competencias básicas, en la actualidad, son consideradas como objetivos claves de los sistemas educativos europeos. Tienen un carácter prescriptivo y transversal; todas las materias presentes en el currículo escolar obligatorio deben contribuir a su desarrollo**".

Fuente documental: V.V.A.A. (Marzo de 2008). El desarrollo de las competencias básicas a través de la Educación Física. Lecturas: Educación Física y Deportes, Revista Digital http://www.efdeportes.com. Buenos Aires, Año 12, N°118.

4. FICHERO DE JUEGOS INTERDISCIPLINARES DE EDUCACIÓN FÍSICA.

A continuación, nos centramos en la parte más relevante por su poder de aplicación en nuestras sesiones de Educación Física. Un fichero compuesto por sesenta juegos, cuya relación con las áreas de lenguaje, matemáticas y conocimiento del medio, así como con las competencias básicas, es la que verdaderamente da sentido a este intento por alcanzar el enfoque globalizador del que hablamos en estas páginas.

4.1 JUEGOS: INTERDISCIPLINARIEDAD CON EL ÁREA DE LENGUAJE.

Nº 1	EL PAÑUELO EMPAREJADO	CICLO: 1º-2º-3º

CONTENIDO:
Velocidad de reacción y de desplazamiento, juegos populares (el pañuelo) y desplazamientos.

INTERDISCIPLINARIEDAD:
Área de Lenguaje.
Vocabulario.
Nombres o sustantivos de parejas (heterónimos).

COMPETENCIAS:
1. Comunicación lingüística.
5. Social y ciudadana.
6. Cultural y artística.

ESPACIO:
Pistas o gimnasio.

MATERIAL:
1 pañuelo o similar.

ORGANIZACIÓN:
2 grandes grupos.

PARTE DE LA SESIÓN:
Parte principal o central.

DESCRIPCIÓN GRÁFICA:

DESARROLLO:

La clase se divide en dos grandes grupos. Cada niño/a de cada equipo tendrá un nombre que coincidirá con el nombre que tenga uno de los alumnos del equipo contario, variando simplemente el género masculino o femenino. Cuando el maestro, que sostendrá en su mano un pañuelo, diga un nombre, tanto el alumno masculino como el femenino deberán intentar coger el pañuelo y llevarlo hasta que su equipo consiguiendo así un punto. Si en el desplazamiento con el pañuelo el niño o niña es tocado por el otro jugador antes de que llegue a su equipo, entonces éste conseguirá el punto para su equipo.

Ejemplos de nombres de parejas:

Abeja-zángano	Hombre-mujer
Oveja-carnero	Papá-mamá
Caballo-yegua	Yerno-nuera
Toro-vaca	Padre-madre
Padrino-madrina	Hembra-macho

VARIANTES:
. Variar los desplazamientos: a la pata coja, en cuadrupedia...
. Posición de salida: sentados, de espalda...
. Cambiar la organización: 4 grupos formando un cuadrado, aumentando así la participación del alumnado.
. Modificar la acción central: en lugar de coger un pañuelo, han de ponerse un peto, conducir una pelota... trabajando otras habilidades.
. Para *primer ciclo* se pueden poner nombres de parejas que sólo varíen el género con una letra: niño/niña, maestro/maestra, perro/perra...

Nº 2	EL ABECEBANCO	CICLO: 1º-2º-3º

CONTENIDO:
Equilibrio estático y dinámico. Cooperación.

INTERDISCIPLINARIEDAD:
Área de Lenguaje.
Vocabulario.
Abecedario.

COMPETENCIAS:
1. Comunicación lingüística.
5. Social y ciudadana.

ESPACIO:
Pistas o gimnasio.

MATERIAL:
4-5 bancos suecos, tarjetas con letras y colchonetas (seguridad).

ORGANIZACIÓN:
1 gran grupo (toda la clase).

PARTE DE LA SESIÓN:
Parte principal o central.

DESCRIPCIÓN GRÁFICA:

DESARROLLO:

Se disponen 4-5 bancos suecos en hilera, donde toda la clase se sube. Una vez que todos los alumnos estén encima del juego, el maestro o maestra les entrega una pequeña cartulina (trozo de papel) a cada niño, donde viene una letra del abecedario. A partir de aquí el maestro les cuenta cual es el objetivo del juego: deben intentar situarse en el banco por orden alfabético, no pudiendo tocar el suelo. En función de la edad de nuestros alumnos se pueden poner varias normas:
-Hay que conseguirlo antes de 5 – 7 – 10 minutos.
-Si un niño se cae está eliminado y ayudaría a organizar desde fuera al resto del grupo.
-Un niño se puede caer del banco, pero solo dos veces, sino estará eliminado.

Nota de seguridad: siempre que sea necesario se utilizarán colchonetas alrededor de los bancos, evitando posibles golpes.

VARIANTES:

. Con el alumnado de *primer ciclo* la clase se puede dividir en grupos de cinco y ordenan sobre el banco solo las vocales.
. Se puede complicar el juego en pequeños grupos y letras sueltas, debiendo cada grupo ordenar las letras aunque no sean correlativas (B-F-L-R-Y).
. En pequeños grupos deben ordenarse para formar palabras o mensajes (D-E-P-O-R-T-E).
. Podemos realizar el juego en las pistas, no solo con los bancos suecos, sino también aprovechando posibles bordillos, siempre que sean de poca altura y en buen estado.

Nº 3 — EL BUSCAPAREJA   CICLO: 1º-2º-3º

CONTENIDO:
Velocidad de desplazamiento y equilibrio.

ESPACIO:
Pistas o gimnasio.

DESCRIPCIÓN GRÁFICA:

INTERDISCIPLINARIEDAD:
Área de Lenguaje.
Vocabulario.
Palabras compuestas.

MATERIAL:
Música, tarjetas con palabras compuestas y ladrillos.

ORGANIZACIÓN:
Gran grupo.

COMPETENCIAS:
1. Comunicación lingüística.
5. Social y ciudadana.

PARTE DE LA SESIÓN:
Parte principal o central.

DESARROLLO:

Todos los participantes se distribuyen por el espacio. El maestro o maestra reparte a cada uno de ellos una tarjeta o papelito con la mitad de una palabra compuesta. Comienza a sonar la música y los niños y niñas bailan al ritmo de ésta. Cuando deje de sonar, los alumnos buscarán lo más rápido posible al compañero que tenga la otra mitad de la palabra compuesta y juntos deben subirse sobre un ladrillo manteniendo el equilibrio. Quien lo consiga antes obtiene un punto. El número de ladrillos distribuidos por el espacio será menor que el número de parejas. Cada vez que se repita el juego los participantes cambiarán las tarjetas entre sí.

Ejemplos de palabras compuestas:

Abre-latas	Pasa-puré	Foto-copias
Tela-raña	Crece-pelo	Rompe-cabezas
Para-brisas	Porta-lámparas	Cumple-años
Agri-dulce	Pinta-labios	Sordo-mudos

Para-rayos
Bien-venidos
Marca-pasos
Para-golpes

VARIANTES:

. La música puede ser sustituida por otra señal, sea acústica o visual.
. Variar el equilibrio encima del ladrillo: sobre una pierna, uno delante y otro detrás, sin tocarse...
. La acción última de equilibrio puede ser cambiada por cualquier otra: meterse dentro de un aro, meterse dentro de un aro y dramatizar mímicamente la palabra, botar una pelota, etc.
. Con el *primer ciclo*, el juego se realizará con los alumnos de 2º nivel que dominan la lectura.

Nº 4	¡DESCUBRE!	CICLO: 1º-2º-3º

CONTENIDO:
Expresión corporal: mímica.

ESPACIO:
Pistas o gimnasio.

DESCRIPCIÓN GRÁFICA:

INTERDISCIPLINARIEDAD:
Área de Lenguaje.
Gramática.
Palabras polisémicas y comunicación no verbal.

MATERIAL:
Tarjetas con palabras polisémicas.

ORGANIZACIÓN:
Gran grupo.

COMPETENCIAS:
1. Comunicación lingüística.
5. Social y ciudadana.
6. Cultural y artística.

PARTE DE LA SESIÓN:
Parte final o vuelta a la calma.

VARIANTES:
. Con el *primer ciclo*, el juego se realizará con los alumnos de 2º nivel.
. Con el alumnado de *tercer ciclo* se puede dificultar el juego, entregando la tarjeta solo con la palabra polisémica, sin significados.
. La dramatización de los diferentes significados puede ser alterna o simultánea por parte de los participantes.

DESARROLLO:

Todos los participantes se sientan en el suelo formando un semicírculo. El maestro o maestra coge al azar una tarjeta, donde aparece una palabra polisémica con varios significados escritos. En base al número de significados salen varios voluntarios, los cuales deberán mediante la expresión corporal (mimo) dramatizar el significado de dicha palabra, mientras sus compañeros intentan descubrir la palabra polisémica. Quien lo consiga saldrá en el siguiente turno y elegirá a sus compañeros de interpretación.

Ejemplos de palabras polisémicas:

- Banco: de sentarse, de dinero y de peces.
- Pico: de un ave, herramienta y de una montaña.
- Planta: del pie, vegetal y piso de un edificio.
- Gato: de animal y herramienta para el coche.
- Copa: de vino, del árbol y trofeo.
- Sierra: de montañas y herramienta.
- Mono: animal y prenda de vestir.
- Carta: de jugar y de escribir.
- Gemelo: hermanos y músculo.
- Ratón: animal y del ordenador.

Nº 5	COMUNES Y PROPIOS	CICLO: 1º-2º-3º

CONTENIDO:
Velocidad de reacción y velocidad de desplazamiento.

INTERDISCIPLINARIEDAD:
Área de Lenguaje.
Gramática.
Nombres propios y comunes.

COMPETENCIAS:
1. Comunicación lingüística.
5. Social y ciudadana.

ESPACIO:
Pistas o gimnasio.

MATERIAL:
Ninguno.

ORGANIZACIÓN:
En pareja.

PARTE DE LA SESIÓN:
Parte principal o central.

DESCRIPCIÓN GRÁFICA:

DESARROLLO:

Los alumnos se agrupan en pareja. En el centro del espacio de juego se sitúa cada pareja espalda con espalda. El profesor se coloca a la altura de las parejas, de manera que los niños que estén a su derecha serán nombres propios y los que estén a su izquierda serán nombres comunes. Si el maestro grita Carmen, los nombres propios correrán a salvarse hasta el lugar determinado por el maestro, mientras que los alumnos que son los nombres comunes intentarán tocarlos antes de que lleguen a dicho lugar. Un punto quien lo consiga. Como regla básica, el niño o niña que tiene que pillar o tocar a su compañero debe girarse para poder hacerlo, o levantarse del suelo si salen sentados, etc.

Ejemplos:

-Nombres propios: de personas (Alberto, González...), de ciudades (Huelva, Aracena...), de ríos (Odiel, Tinto...), etc.
-Nombres comunes: mesa, pelota, colchoneta, canasta, portería, pizarra, colegio, etc.

VARIANTES:

. Variar la posición de salida: sentados, tendido prono-supino, de cuclillas, de pie con los ojos cerrados...
. Modificar el tipo de señal: oral (decir el nombre en voz alta) o visual (cartulina o pequeña pizarra con el nombre escrito).
. Cambiar el tipo de desplazamiento: carrera, cuadrupedia, reptando, a la pata coja...
. Se pueden utilizar otros tipos de palabras: nombres-adjetivos, nombres-verbos...

N° 6	LOS DETERMINANTES VELOCES	CICLO: 2°-3°

CONTENIDO:
Velocidad de reacción y velocidad de desplazamiento. Desplazamientos. Orientación espacial. Lateralidad.

INTERDISCIPLINARIEDAD:
Área de Lenguaje.
Gramática.
Determinantes: artículos, posesivos, numerales, demostrativos e indefinidos.

COMPETENCIAS:
1. Comunicación lingüística.
5. Social y ciudadana.

DESARROLLO:

Todos los alumnos se sientan en círculo. El maestro va tocando a cada participante y le va diciendo que tipo de determinante es. Si imaginamos un círculo de niños, el maestro diría: "NUMERAL, ARTÍCULO, POSESIVO, NUMERAL, ARTÍCULO, POSESIVO, NUMERAL...." así hasta que todos los niños se identifiquen con algún tipo de determinante. En este caso hemos utilizado tres tipos, pero dependiendo del curso y de la dificultad que le queramos dar al juego podemos utilizar desde dos tipos de determinantes (demostrativos y posesivos por ejemplo) hasta incluir todos (artículos, posesivos, numerales, demostrativos e indefinidos).
Comienza el juego: cuando el maestro diga DETERMINANTE "LAS", todos los participantes que sean determinantes artículos se levantarán y le darán una vuelta al círculo lo más rápido que puedan y se volverán a sentar en el mismo sitio. El último que de la vuelta queda eliminado, debiendo permanecer en el círculo para que éste no se rompa. El juego continua hasta que haya un campeón NUMERAL, ARTÍCULO y otro POSESIVO. Es importante indicarles a los alumnos el sentido en el que han de dar la vuelta para evitar posibles choques frontales.

ESPACIO:
Pistas o gimnasio.

MATERIAL:
Ninguno.

ORGANIZACIÓN:
1 gran grupo (toda la clase).

PARTE DE LA SESIÓN:
Parte principal o central.

DESCRIPCIÓN GRÁFICA:

VARIANTES:

. Variar el tipo de desplazamiento: a la pata coja, en cuadrupedia....
. Modificar el tipo de señal: oral (decir el determinante en voz alta) o visual (cartulina o pequeña pizarra con el determinante escrito).
. Podríamos dificultar el juego añadiendo un concepto de orientación espacial y lateralidad: derecha-izquierda. Por lo que si el maestro dice "DETERMINANTE MI" "DERECHA", todos los que sean determinantes posesivos darán una vuelta hacia la derecha.
. Como hay eliminación el juego puede ser el último de la parte principal, previo a la vuelta a la calma.

Nº 7	LOS JUEGOS DEL AYER	CICLO: 2º-3º

FICHA DE REGISTRO: LOS JUEGOS DEL AYER

ALUMNO/A:
CURSO: _____ CICLO: _____
FECHA:

TÍTULO:

Organización: **Descripción Gráfica:**

Material:

Desarrollo:

Reglas:

¿Quién me ha contado el juego?:

Observaciones:

CONTENIDO:
Juegos populares, autóctonos y tradicionales.

INTERDISCIPLINARIEDAD:
Área de Lenguaje.
Expresión escrita y oral.

COMPETENCIAS:
1. Comunicación lingüística.
4. Tratamiento de la información y competencia digital.
7. Aprender a aprender.
8. Autonomía e iniciativa personal.

Una opción para iniciar la Unidad Didáctica de los juegos populares puede ser entregar esta ficha que se adjunta a los alumnos y explicarles que tienen que jugar a ser investigadores y que sus padres, abuelos, tíos les cuenten algún juego que practicaban cuando eran pequeños o algún juego típico de su pueblo… El alumno escribirá la información en la ficha que se adjunta, lo pueden hacer utilizando un ordenador (TIC). El maestro tras previa lectura y corrección, se las volverá a entregar al alumnado y escogerá los juegos que mas aplicación práctica tengan y puedan tener más éxito.
Animará a aquellos alumnos cuyos juegos han sido elegidos a que sean ellos mismos los encargados de explicarles el juego al resto de compañeros.

Nº 8	CUENTO MOTOR: EL NAUFRAGIO	CICLO: 1º-2º

CONTENIDO:
Equilibrio.

ESPACIO:
Gimnasio.

DESCRIPCIÓN GRÁFICA:

INTERDISCIPLINARIEDAD:
Área de Lenguaje.
El cuento.

MATERIAL:
Un cuento, aros, cuerdas, colchonetas, bancos suecos, ladrillos, potro, espalderas y música.

ORGANIZACIÓN:
Gran grupo.

COMPETENCIAS:
1. Comunicación lingüística.
8. Autonomía e iniciativa personal.

PARTE DE LA SESIÓN:
Parte principal o central.

DESARROLLO:
Se prepara el circuito tal y como se muestra en la descripción gráfica y se les introduce a los alumnos a través de un pequeño cuento.
"Érase una vez 23 pequeños piratas (alumnos) navegando por el ancho mar. Navegaban en un galeón de madera con el empuje del viento. ¡Al abordaje! gritaban y se hacían con su recompensa, tesoros y más tesoros. Pero un día, tuvieron un gran enemigo al que no pudieron vencer. El cielo empezó a tornarse negro, las nubes amenazaban lluvia, el viento soplaba con más fuerza que nunca y las olas parecían tragarse el galeón. Lucharon y lucharon pero no pudieron resistir, barco de tantas aventuras, ¡se hunde! gritaba el capitán del barco, ¡sálvese quien pueda! gritaban atemorizados... El barco pirata había naufragado... Ahora todos se encontraban en medio del océano, luchando por no ahogarse, intentando agarrarse a los restos (los materiales del circuito) esparcidos del gran galeón. Era su única salvación, subirse en los maderos flotantes e intentar alcanzar tierra (espalderas)".
De uno en uno van pasando el circuito: equilibrio sobre cuerdas, saltos a la pata coja dentro de los aros, equilibrios sobre ladrillos en las colchonetas, trepa a un potro y salto dentro de un aro en una colchoneta, equilibrio sobre bancos suecos (se pueden poner invertidos), trepa por un banco sueco inclinado, trepa en espalderas... Todo amenizado por una música dinámica de fondo.

VARIANTES:
. Se pueden utilizar otros materiales que sirvan para trabajar el equilibrio.
. Los piratas que tengan dificultades pueden ser ayudados por sus piratas amigos.
. Realizado una o dos veces el circuito, los piratas se ponen en pareja. El pirata que sale primero intentará realizarlo lo más rápido posible, porque su compañero también quiere salvarse e intentará atraparlo para llegar antes que él. Se cambiarán los turnos en la próxima repetición.
. Para finalizar, recogida de material: "Todos los piratas, gracias a su esfuerzo consiguieron llegar a tierra y con los restos del barco que la fuerza del agua había empujado hasta la orilla empezaron a guardarlos porque muy pronto empezarían a construir un galeón mejor y más fuerte y así seguirían sus aventuras".

Nº 9	EL RATITO		CICLO: 1º-2º-3º
CONTENIDO: Juegos y deportes alternativos. El badminton.	*ESPACIO:* Pistas o gimnasio.		*PREGUNTAS:* - ¿En qué país surgió el actual juego del badminton? - ¿Quiénes dieron a conocer el badminton en Europa? - ¿Por qué a este deporte se le conoce con el nombre de badminton? - ¿De qué estaban hechos los primeros volantes?
INTERDISCIPLINARIEDAD: Área de Lenguaje. Lectoescritura y expresión escrita y oral. Lectura, comprensión lectora y cuestionario de preguntas.	*MATERIAL:* Una lectura, fichas y lápices…		
	ORGANIZACIÓN: Individual o pareja.		
COMPETENCIAS: 1. Comunicación lingüística. 6. Cultural y artística.	*PARTE DE LA SESIÓN:* Parte final o vuelta a la calma.		
DESARROLLO: Aprovechando el trabajo del badminton en nuestras clases, podemos finalizar la sesión con una lectura relativa al mismo. Todos sentados en círculo, el maestro o cualquier alumno lee el texto. Una vez se haya leído un par de veces la lectura, se les entrega a cada alumno una ficha para que respondan por escrito a unas preguntas sobre el mismo. "Origen del badminton" El actual juego de badminton surgió en la India, donde se llamaba Poona, nombre de una población del país donde fue jugado originalmente. Algunos oficiales del ejército británico vieron el juego en la India y lo llevaron a Inglaterra alrededor de 1873. Allí, el duque de Beaufort se interesó en el juego y se empezó a practicar con regularidad en su finca campestre, conocida como Badminton House, este nombre continuó asociado con el juego. En sus inicios se utilizaban raquetas de tenis e improvisados volantes con tapones de corcho de champán a los que se les incrustó algunas plumas.			*VARIANTES:* . Adaptaremos la lectura y las preguntas a la edad de nuestros alumnos. . Puede ser adaptado a cualquier contenido que estemos trabajando en E.Física. . Se puede utilizar cualquier texto: noticias, cuentos, etc. Incluso los pueden aportar los propios alumnos. . Podemos hacer una audición con una grabación de un texto. - Realizar una rueda de preguntas, para trabajar la expresión oral. . Para no hacer tantas copias, los alumnos pueden responder en pareja. . El cuestionario puede venir a modo de test, con respuestas del tipo a – b –c.

N° 10	LA FÁBRICA DE HISTORIAS O CUENTO CONTIGO	CICLO: 1°-2°-3°

CONTENIDO:
Cualquiera. Cooperación.

ESPACIO:
Pistas o gimnasio.

DESCRIPCIÓN GRÁFICA:

INTERDISCIPLINARIEDAD:
Área de Lenguaje.
Expresión oral.
La narración y la improvisación.

MATERIAL:
Ninguno.

ORGANIZACIÓN:
Gran grupo.

COMPETENCIAS:
1. Comunicación lingüística.
8. Autonomía e iniciativa personal.

PARTE DE LA SESIÓN:
Parte final o vuelta a la calma.

DESARROLLO:

Toda la clase sentada en círculo. El maestro comienza a narrar una historia inventada. Cuando el maestro determine oportuno la continúa el alumno o alumna que esté a su izquierda. Así sucesivamente hasta que todos hayan participado. La historia puede ser sobre cualquier tema, aunque siempre podemos relacionarla con el contenido que estemos trabajando.

Por ejemplo: los saltos. *"Había una vez, en un país llamado Saltarín, un niño y una niña que saltaban tanto, que un día en uno de esos saltos desaparecieron. Los saltarines, habitantes de Saltarín, empezaron a buscarlos...."* "Continuaría el siguiente participante.

Para trabajar aún más la improvisación, con los niños del segundo y tercer ciclo el maestro puede ir diciendo palabras (relacionadas o no con E.F.) que los niños han de introducir en la historia. Por ejemplo: (aro) *"Los saltarines, habitantes de Saltarín, empezaron a buscarlos...", "...por todas partes, pero después de varios días no consiguieron encontrarlos. A la saltarina mas lista de todas se le ocurrió una brillante idea, ¿por qué no utilizar los aros mágicos?...."* Continuaría el siguiente.

Nº 11	EL MUSEO	CICLO: 1º-2º-3º

CONTENIDO:
Esquema corporal (localización e identificación corporal), lateralidad (derecha-izquierda), orientación espacial y expresión corporal.

INTERDISCIPLINARIEDAD:
Área de Lenguaje.
Expresión oral.
La descripción.

COMPETENCIAS:
1. Comunicación lingüística.
6. Cultural y artística.
8. Autonomía e iniciativa personal.

DESARROLLO:

El maestro será el escultor y los niños y niñas las esculturas de este peculiar museo. El maestro comenzará a describir la escultura y los alumnos tratarán de representarla lo mejor posible: "Es una escultura en posición de sentado, con la *mano* sobre la *cabeza*, la *barbilla* tocando el *pecho*, los *ojos cerrados*...) Si además introducimos los conceptos derecho-izquierdo, trabajaremos la lateralidad "con la mano *derecha* sobre la *cabeza*"

Podemos también desarrollar la orientación espacial, organizando la clase en parejas y pequeños grupos: "Una de las esculturas está de pie, *detrás de* otra escultura que se encuentra tumbada en el suelo. La escultura que está de pie tiene el hombro izquierdo más elevado que el derecho...".

La expresión corporal se puede trabajar a través del rostro: "La escultura tiene un rostro alegre, una *tímida sonrisa*, una cara *triste, cansada, de miedo*...".

ESPACIO:
Pistas o gimnasio.

MATERIAL:
Cartulinas con dibujos de posturas corporales.

ORGANIZACIÓN:
Gran grupo, parejas, grupos pequeños.

PARTE DE LA SESIÓN:
Parte principal y final.

DESCRIPCIÓN GRÁFICA:

VARIANTES:

· La dificultad de la descripción variará en función de la edad del alumnado.
· Las esculturas puedes ser móviles: "Es una escultura que se desplaza con saltos con el pie derecho, el codo izquierdo flexionado y el brazo derecho tocando el hombro opuesto...".
· El escultor o escultora puede ser un niño o niña, siendo los encargados de realizar la descripción. Se les puede ayudar mediante cartulinas con dibujos de posturas corporales, a partir de las cuales deben realizar su descripción.

Nº 12	**LA ANTORCHA MÁGICA**	**CICLO: 1º-2º-3º**

CONTENIDO: Dinámica de grupo.	*ESPACIO:* Pistas o gimnasio.	*DESCRIPCIÓN GRÁFICA:*
INTERDISCIPLINARIEDAD: Área de Lenguaje. Expresión oral. El debate, la asamblea y el diálogo.	*MATERIAL:* Una antorcha construida con cartón	
	ORGANIZACIÓN: Gran grupo.	
COMPETENCIAS: 1. Comunicación lingüística. 5. Social y ciudadana. 8. Autonomía e iniciativa personal.	*PARTE DE LA SESIÓN:* Parte final o vuelta a la calma.	

DESARROLLO:

La Antorcha Mágica es una dinámica de grupo que se puede utilizar en la parte final de la sesión o cuando una situación concreta así lo requiera. Se puede emplear para dialogar sobre cualquier tema, conducta…

Todos, incluido el maestro, se sientan formando un círculo. La Antorcha Mágica va pasando por todos los alumnos y quien quiera libremente la mantiene y habla. Previamente se darán unas normas básicas de comunicación: esperar el turno pacientemente, escuchar a los compañeros, respetar la diversidad de opiniones,…

Es una actividad que mejora la comunicación intragrupo. Al principio es normal que a los niños y niñas les cueste tomar la palabra, pero poco a poco la participación aumentará si se convierte en una rutina de clase.

VARIANTES:

. La Antorcha Mágica puede ser construida con material reciclable, por los propios alumnos en Educación Artísitica.
. Se puede utilizar otro objeto, El Micrófono Mágico, El Sombrero Mágico…
. El maestro puede participar aportando sus ideas y opiniones o simplemente moderar en debates y asambleas.

Nº 13 — ¡LA LETRA PROHIBIDA!

CICLO: 2º-3º

CONTENIDO:
Expresión corporal: desinhibición.

INTERDISCIPLINARIEDAD:
Área de Lenguaje.
Gramática: la letra.
Expresión oral.

COMPETENCIAS:
1. Comunicación lingüística.
8. Autonomía e iniciativa personal.

ESPACIO:
Pistas o gimnasio.

MATERIAL:
Ninguno.

ORGANIZACIÓN:
Gran grupo.

PARTE DE LA SESIÓN:
Parte final o vuelta a la calma.

DESCRIPCIÓN GRÁFICA:

DESARROLLO:

Todos sentados y un niño o niña de pie. Se elige una letra prohibida (cualquiera del abecedario) que todos conocerán y se inicia el juego. El grupo de alumnos que está sentado deberá, mediante preguntas, intentar que el citado niño o niña pronuncie al responder la letra prohibida. Quién lo consiga pasará a estar de pie en la siguiente letra prohibida.

Ejemplo: Letra Prohibida "C".
-Grupo: ¿Dónde vives?
-Niño/a: en mi pueblo. (Bien)
-Niño/a: en la Calle...; en mi Casa (Letra Prohibida).

Es un juego que puede ser utilizado en las sesiones de expresión corporal, para desinhibir, pues el niño o la niña se enfrenta en soledad ante el grupo-clase.

VARIANTES:
. Se puede dificultar el juego poniendo más de una letra prohibida.

Nº 14 — JALEO A OSCURAS — CICLO: 1º-2º-3º

CONTENIDO:
Percepción y orientación espacial y temporal.

INTERDISCIPLINARIEDAD:
Área de Lenguaje.
Vocabulario.
Onomatopeyas.

COMPETENCIAS:
1. Comunicación lingüística.
3. El conocimiento y la interacción con el mundo físico.
7. Aprender a aprender.

ESPACIO:
Pistas o gimnasio.

MATERIAL:
Trozos de tela para vendar los ojos.

ORGANIZACIÓN:
Parejas.

PARTE DE LA SESIÓN:
Parte principal o central.

DESCRIPCIÓN GRÁFICA:

DESARROLLO:

La clase se distribuye en parejas. Cada pareja decide una onomatopeya (ring del teléfono, pío de un pájaro, cuac de un pato, boom de una explosión, muuu de una vaca, miau de un gato, etc.) que los represente. A la señal los alumnos se separarán todo lo que puedan de su pareja y con los ojos cerrados o vendados comenzarán a emitir el sonido acordado e intentarán encontrar a su compañero o compañera correspondiente. Cuando lo consigan y antes de abrir los ojos comprobarán que realmente se trata de su pareja, pues puede darse el caso de que la misma onomatopeya haya sido elegida por otra pareja.

Es importante que el espacio donde se realice el juego este libre de obstáculos y que los desplazamientos se realicen de forma segura, con los brazos extendidos al frente y sin correr.

VARIANTES:
. Cambiar de pareja y repetir el juego varias veces.
. Organizar a los alumnos en tríos o cuartetos.
. En lugar de utilizar trozos de tela para vendar los ojos, los alumnos pueden usar sus propios chalecos.

Nº 15 — RELEVO DE PALABRAS

CICLO: 1º-2º-3º

CONTENIDO:
Desplazamientos, velocidad de reacción y velocidad de desplazamiento.

INTERDISCIPLINARIEDAD:
Área de Lenguaje.
Gramática.
La sílaba.

COMPETENCIAS:
1. Comunicación lingüística.
5. Social y ciudadana.

ESPACIO:
Pistas o gimnasio.

MATERIAL:
Pequeñas cartulinas con sílabas escritas y un aro.

ORGANIZACIÓN:
Grupos de cuatro.

PARTE DE LA SESIÓN:
Parte principal o central.

DESCRIPCIÓN GRÁFICA:

DESARROLLO:
La clase se divide en grupos de cuatro. Cada equipo se coloca detrás de una línea. A la señal el primero de cada grupo saldrá corriendo hacia el aro que contiene cartulinas con sílabas escritas (éstas estarán boca abajo), cogerá una y volverá a su equipo dándole el relevo al siguiente compañero y así sucesivamente hasta que todos hayan cogido una cartulina. Cuando terminen todos los relevos, los grupos tendrán el tiempo que estime el profesor para formar la palabra. Es evidente, que el grupo más rápido dispondrá de más tiempo.

Gana un punto el equipo que consiga la palabra más grande.

VARIANTES:
. Variar el desplazamiento: a la pata coja, de espaldas, lateral, en zig-zag, en pareja en hilera o en fila, etc.
. Modificar la posición de salida: sentados, tumbados, de cuclillas, ojos cerrados...
. Variar la señal de salida: visual (bajar brazo) o acústica (silbato, palmada).
. Cambiar el sistema de puntuación: puntos a la palabra más rápida y a la palabra más larga.
. Modificar la distancia del desplazamiento.

Nº 16	ENSALADA DE PALABRAS		CICLO: 1º-2º-3º
CONTENIDO: Desplazamientos, velocidad de desplazamiento y de reacción.	**ESPACIO:** Pistas o gimnasio.	**DESCRIPCIÓN GRÁFICA:**	
INTERDISCIPLINARIEDAD: Área de Lenguaje. Gramática. Tipos de palabras: verbos, sustantivos, adjetivos, determinantes…	**MATERIAL:** Pegatinas o tarjetas de cartulina y tizas.		
COMPETENCIAS: 1. Comunicación lingüística. 5. Social y ciudadana.	**ORGANIZACIÓN:** Gran grupo y participación individual.		
	PARTE DE LA SESIÓN: Parte principal o central.		
DESARROLLO: Todos los alumnos, excepto 5 ó 6 que la quedan, llevan una pegatina en la camiseta o una cartulina en la mano. En esta pegatina o cartulina tendrán escrito una palabra, por ejemplo, "bonita", "Pedro", "jugar", "aquellos", etc. Junto a ello, en el espacio de juego habrá diferentes rincones pintados con tiza, el rincón de los VERBOS, el de los ADJETIVOS, el de los SUSTANTIVOS, el de los DETERMINANTES… tantos como tipos de palabras haya. A la señal del maestro comienza el juego y los niños sin pegatina o cartulina tienen que pillar. Por ejemplo, si pillan a un niño que tiene la pegatina con la palabra "bonita", deben llevar a este niño al RINCÓN de los ADJETIVOS y así sucesivamente hasta que todos estén pillados. Gana el niño que más alumnos consiga atrapar. Al final del juego, se comprueba en voz alta que en todos los rincones las palabras (niños) atrapadas estén en su lugar correcto.		**VARIANTES:** . Según el ciclo, el tipo de palabras se reduce o amplía. Primer Ciclo: sustantivos comunes y propios. Tercer Ciclo: conjunciones, pronombres, preposiciones, etc. . Los alumnos pillados que permanecen en los rincones pueden incorporarse de nuevo al juego, si consideran que no están en el rincón correspondiente, por ejemplo "bonita" en el rincón de los verbos. Llamarán al maestro quién decidirá si se incorpora o no.	

Nº 17	VERBOS EN MOVIMIENTO		CICLO: 2º-3º

CONTENIDO:
Velocidad de reacción y de desplazamiento, lanzamiento, bote, salto, conducción, lateralidad y diferentes desplazamientos (reptar, carrera…).

INTERDISCIPLINARIEDAD:
Área de Lenguaje.
Gramática.
Tiempos verbales.

COMPETENCIAS:
1. Comunicación lingüística.
5. Social y ciudadana.

ESPACIO:
Pistas o gimnasio.

MATERIAL:
3 conos, cartulinas, 1 caja, pelotas, cuerdas y pompones.

ORGANIZACIÓN:
Grupos de 4.

PARTE DE LA SESIÓN:
Parte principal o central.

DESCRIPCIÓN GRÁFICA:

DESARROLLO:
La clase se divide en grupos de cuatro y cada grupo se sitúa en fila en un extremo de la pista. En el centro de ésta habrá pelotas, cuerdas… y una caja con cartulinas. En cada cartulina habrá escrito un verbo; por ejemplo: "yo correré", "ellos saltaban", "él botó"…. En el otro extremo de la pista, habrá tres conos con un cartel cada uno: cono PRESENTE, cono PASADO y cono FUTURO.
El juego es una carrera de relevos. A la señal el primero de cada grupo se dirige corriendo al centro de la pista y coge una cartulina. Por ejemplo si coge "ellos saltaban" rápidamente debe coger una cuerda y saltando dirigirse al cono PASADO. Cuando llegue, su compañero de grupo, que estará atento a que esto suceda, saldrá al centro de la pista y cogerá otra cartulina y así sucesivamente hasta que todos hayan realizado el relevo. Gana el equipo que antes termine y además estén bien situados en los conos correspondientes. El maestro lo comprobará mediante las cartulinas que los niños han cogido y deben llevar consigo. Si alguien se equivoca el maestro explicará la solución correcta.

VARIANTES:
. Según los verbos utilizados se trabajarán unos contenidos u otros: "ella reptará", "vosotros lanzáis", "ellos conducen (una pelota)…
. Se puede incluir información extra: "vosotros lanzáis un pompón". Deben dirigirse al cono PRESENTE lanzando un pompón. "Tú saltarás a la pata coja", "ellos conducen una pelota con el pie izquierdo"….
Puede haber cinco conos: cono PRESENTE, cono PRETÉRITO IMPERFECTO, cono PRETÉRITO PERFECTO SIMPLE, cono FUTURO y cono CONDICIONAL.

Nº 18	DIANA DE PALABRAS		CICLO: 1º-2º-3º
CONTENIDO: Lanzamientos y coordinación óculo-manual.	*ESPACIO:* Pistas.		*DESCRIPCIÓN GRÁFICA:*
INTERDISCIPLINARIEDAD: Área de Lenguaje. Gramática. Construcción de oraciones (Ciclo 2º y 3º). Construcción de palabras (Ciclo 1º).	*MATERIAL:* Tizas, 25 chapas o 25 pompones.		
	ORGANIZACIÓN: Grupos de 4.		
COMPETENCIAS: 1. Comunicación lingüística. 5. Social y ciudadana. 7. Aprender a aprender. 8. Autonomía e iniciativa personal.	*PARTE DE LA SESIÓN:* Parte principal o central.		
DESARROLLO: Los alumnos forman grupos de 4. Cada grupo tiene una tiza y 5 pompones o 5 chapas. El juego tiene dos partes: -Parte previa: cada grupo construye su propio espacio de juego. Para ello y con la tiza dibujan en el suelo una tabla, como mínimo de 5 x 5 casillas. En cada casilla escribirán palabras que les permitan formar frases posteriormente: pronombres, adjetivos, verbos, sustantivos.... Además dibujan una línea de lanzamiento, a mayor lejanía mayor dificultad. -Parte jugada: por turno cada alumno hace sus 5 lanzamientos e intenta formar una frase con las palabras donde hayan caído los pompones o las chapas. Si un participante forma una frase, por ejemplo con tres palabras obtiene 3 puntos. Al final de la ronda o de varias rondas los alumnos suman los puntos ganando el que más tenga. Los alumnos del Primer Ciclo (2º de E. Primaria), en lugar de formar tablas con palabras lo harán con letras y formarán palabras. Si un jugador forma una palabra, por ejemplo de cuatro letras obtiene 4 puntos. Gana el que más puntos tenga al final de la ronda, o lo que es igual, el que haya formado la palabra con el mayor número de letras.			*VARIANTES:* . Variar la distancia de lanzamiento. . Utilizar la mano dominante y la no dominante, para trabajar la lateralidad. . Dentro del grupo cooperar en pareja. De esta forma con los lanzamientos de los dos compañeros se pueden formar frases y palabras más largas. . Utilizar diferentes móviles de lanzamiento: una piedra, un aro pequeñito, etc.

Nº 19	DON SUJETO Y DON PREDICADO		CICLO: 3º
CONTENIDO: Expresión corporal.	**ESPACIO:** Pistas o gimnasio.		**DESCRIPCIÓN GRÁFICA:**
INTERDISCIPLINARIEDAD: Área de Lenguaje. Gramática. Sujeto y predicado. Construcción de oraciones.	**MATERIAL:** Tarjetas de cartulina y 4 aros rojos y 4 aros azules.		
	ORGANIZACIÓN: 4 grandes grupos.		
COMPETENCIAS: 1. Comunicación lingüística. 5. Social y ciudadana. 6. Cultural y artística. 8. Autonomía e iniciativa personal.	**PARTE DE LA SESIÓN:** Parte final o vuelta a la calma.		
DESARROLLO: La clase se divide en cuatro grupos. Cada grupo en un rincón del espacio con un aro azul (representa el SUJETO) y un aro rojo (representa el PREDICADO) colocados en el suelo. El maestro entrega varias tarjetas de cartulinas a cada grupo, 5 ó 6. En cada tarjeta hay escrita una palabra. A la señal del maestro, cada equipo tiene que formar una oración, por ejemplo: "LOS NIÑOS BOTAMOS LA PELOTA". Seguidamente, los que tengan las cartulinas "LOS y NIÑOS" se sitúan dentro del SUJETO (aro azul) y los que tengan las cartulinas "BOTAMOS LA PELOTA" se colocan dentro del PREDICADO (aro rojo). El grupo que antes lo consiga deberá, mediante expresión corporal, representar la frase, por un lado los niños que forman el SUJETO y por otro lado los niños que forman el PREDICADO. El resto de grupos, intentará adivinar la frase, de forma aproximada. Es un juego que requiere cooperación entre los alumnos que forman el grupo.			**VARIANTES:** . El grupo que adivina la frase representa la suya y así sucesivamente. . Pueden utilizar material para representar la oración (pelotas, cuerdas…). . El maestro entrega las tarjetas en blanco y el grupo escribe una palabra por tarjeta para formar la frase. A partir de aquí, la dinámica del juego es la misma.

Nº 20	CARRERA DE ORACIONES	CICLO: 2º-3º

CONTENIDO:
Desplazamientos, velocidad de desplazamiento y de reacción.

INTERDISCIPLINARIEDAD:
Área de Lenguaje.
Gramática.
Construcción de oraciones o frases.

COMPETENCIAS:
1. Comunicación lingüística.
5. Social y ciudadana.

ESPACIO:
Pistas o gimnasio.

MATERIAL:
Tarjetas de cartulina.

ORGANIZACIÓN:
Gran grupo y participación individual.

PARTE DE LA SESIÓN:
Parte principal o central.

DESCRIPCIÓN GRÁFICA:

DESARROLLO:

Se reparte una tarjeta a cada alumno, excepto a cuatro o cinco niños que la quedarán. En cada tarjeta habrá escrita varias palabras (ejemplo: Tarjeta: la pelota - Tarjeta: yo lanzo - Tarjeta: alto y fuerte…). A la señal los alumnos que la queden deben ir pillando al resto de jugadores, quienes correrán para que esto no ocurra. Los niños pillados irán formando una cadena con los alumnos que correspondan y pillarán juntos, así habrá cuatro o cinco cadenas. Cuando ya no quede nadie por ser cogido, cada grupo (cada cadena) intentará formar una oración con las distintas tarjetas. Gana el equipo que forme la oración con el mayor número de palabras.

VARIANTES:

. No se forman cadenas: los alumnos cogidos pillarán de forma individual y al final del juego se reunirán con su correspondiente grupo.
. Variar los desplazamientos de forma momentánea: a la voz del maestro se cambiará el desplazamiento (pata coja, carrera lateral, saltos a pies juntos…). De nuevo a la señal volverán a correr de forma normal.
. Las tarjetas pueden tener palabras relacionadas con la actividad física, con los valores, con el área de lenguaje (por ejemplo reglas de ortografía), etc.
. Puede adaptarse el juego al Primer Ciclo, tarjetas con letras para formar palabras en 1º y frases sencillas en 2º de Primaria

4.2 JUEGOS: INTERDISCIPLINARIEDAD CON EL ÁREA DE MATEMÁTICAS.

N° 21	LOS CHONETES	CICLO: 1°-2°-3°
CONTENIDO: Lanzamientos y coordinación óculo-manual. **INTERDISCIPLINARIEDAD:** Área de Matemáticas. Suma y resta. Cálculo mental. **COMPETENCIAS:** 2. Matemática. 8. Autonomía e iniciativa personal.	**ESPACIO:** Pistas o gimnasio. **MATERIAL:** Chapas y tizas. **ORGANIZACIÓN:** Grupos de 4-5 alumnos. **PARTE DE LA SESIÓN:** Parte principal o central.	**DESCRIPCIÓN GRÁFICA:**

DESARROLLO:

La clase se divide en grupos de cuatro a cinco alumnos, para evitar largas esperas. Los grupos dibujarán su tablero de juego con tizas. Cada participante tendrá diez chapas, así como tres casillas con los números uno, dos y tres como muestra la descripción gráfica. El objetivo del juego es obtener el mayor número de chapas posibles, intentando al mismo tiempo eliminar a sus compañeros. Comienza el juego y el primero de los jugadores lanza la chapa, pudiendo ocurrir lo siguiente:

- La chapa cae en alguna de sus propias casillas, debiendo dejar la chapa en la misma, tantas veces como esto ocurra.
- Pero, si la chapa cae en la casilla de un compañero, éste debe darle tantas chapas como indique el número de la casilla, por lo que uno suma y el otro resta chapas. En el caso de que en esa casilla haya alguna chapa previamente lanzada por el poseedor de la casilla también le será entregada al lanzador afortunado.

La dinámica del juego siempre es la misma, unos van sumando y otros restando. Conforme el juego avanza habrá jugadores que se van eliminando cuando se quedan sin chapas, mientras que otros van sumando. El juego acabará cuando haya un ganador y todos se hayan eliminado.

VARIANTES:

. Se puede utilizar otro material, como por ejemplo piedras.
. Se puede variar el número de las casillas (3, 6, 2, 1), variando las sumas y restas.
. Las casillas se pueden pintar con tizas de colores, perteneciendo un color a un mismo jugador.
. Se puede establecer un tiempo para el juego. Una vez terminado éste gana el jugador que más chapas haya conseguido.
. Variar la distancia del lanzamiento.
. Variar la mano de lanzamiento.

Nº 22	**EL METRO**	**CICLO: 1º-2º-3º**

CONTENIDO:
Lanzamientos y coordinación óculo-manual.

ESPACIO:
Pistas o gimnasio.

DESCRIPCIÓN GRÁFICA:

INTERDISCIPLINARIEDAD:
Área de Matemáticas.
Medidas de longitud.

MATERIAL:
Cintas métricas, discos voladores y tizas.

ORGANIZACIÓN:
Grupos de 4-5 alumnos.

COMPETENCIAS:
2. Matemática.
3. El conocimiento y la interacción con el mundo físico.
5. Social y ciudadana.
7. Aprender a aprender.

PARTE DE LA SESIÓN:
Parte principal o central.

DESARROLLO:

La clase se divide en grupos de cuatro a cinco alumnos. Cada grupo dibujará con tiza dos rayas paralelas a cierta distancia, una raya sirve para indicar el lugar de lanzamiento y la otra será la raya-objetivo. Se repartirá una cinta métrica por grupo y un disco volador para cada jugador.
Los alumnos, por turnos, lanzarán el disco volador intentando acercarse lo máximo posible a la raya-objetivo. Una vez que todos han lanzado, para confirmar quién se ha acercado más a la raya-objetivo, los participantes medirán las distancias con la cinta métrica, ganando un punto quien más se haya acercado a dicha línea. El juego se repetirá varias veces, ganando quien más puntos consiga.

VARIANTES:
. Los alumnos de *primer ciclo* pueden utilizar los pies para medir las distancias, ganando el niño o niña cuyo disco volador este a menos pasos de la línea objetivo.
. Dibujar una diana, sustituyendo a las líneas paralelas.
. Emplear otro móvil para el lanzamiento: pelota, indiaca...
. Variar la distancia del lanzamiento.
. Variar la mano de lanzamiento.

Nº 23	FIGURAS GEOMÉTRICAS	CICLO: 1º-2º-3º

CONTENIDO:
Estructuración espacial.

ESPACIO:
Pistas o gimnasio.

DESCRIPCIÓN GRÁFICA:

INTERDISCIPLINARIEDAD:
Área de Matemáticas.
Geometría: círculo, triángulo, cuadrado, etc.

MATERIAL:
Cartulinas.

ORGANIZACIÓN:
Gran grupo.

COMPETENCIAS:
2. Matemática.
3. El conocimiento y la interacción con el mundo físico.
5. Social y ciudadana.
7. Aprender a aprender.

PARTE DE LA SESIÓN:
Parte principal o central.

DESARROLLO:

El grupo clase se distribuye por el espacio. A la señal, el maestro saca una cartulina previamente preparada, debiendo los alumnos, lo más rápido posible, formar la figura indicada.

En las cartulinas la información puede variar:
- Un círculo: todos deberán formar un círculo.
- Un círculo y el número seis: deberán formar un círculo integrado por seis componentes.
- Un círculo, el número seis y sentados: deberán formar un círculo integrado por seis alumnos y en posición de sentados.

Algunas figuras geométricas que podemos formar son: triángulos, cuadrados, rectángulos, líneas rectas, rombos, líneas curvas, etc.

VARIANTES:
- Sustituir la cartulina por información oral.
- La clase se divide en dos grandes grupos. Uno compite contra el otro, ganando un punto quien antes complete la figura indicada o a quien mejor la realice.

Nº 24	**EL POMPÓM MATEMÁTICO**	**CICLO: 1º-2º-3º**

CONTENIDO:
Cooperación grupal, lanzamientos y coordinación óculo-manual.

INTERDISCIPLINARIEDAD:
Área de Matemáticas.
Suma, resta, multiplicación y división.
Cálculo mental.

COMPETENCIAS:
2. Matemática.
5. Social y ciudadana.
7. Aprender a aprender.

ESPACIO:
Pistas o gimnasio.

MATERIAL:
Cartulinas, aros y pompones.

ORGANIZACIÓN:
2 grandes grupos.

PARTE DE LA SESIÓN:
Parte principal o central.

DESCRIPCIÓN GRÁFICA:

DESARROLLO:

La clase se divide en dos grupos y a cada niño/a se le entrega un pompón. Los grupos se colocan uno al lado del otro y frente a su aro correspondiente. El profesor saca una cartulina con una operación matemática (4 x 2, 3 + 5, 20 : 2, 5 – 1, 7 x 2 – 6) y el grupo rápidamente deberá decidir el resultado correcto y lanzar el número de pompones exacto dentro del aro, indicando así el resultado de dicha operación. Gana un punto el equipo que ponga bien el resultado o el equipo que lo ponga bien, pero que también haya sido el más rápido.

Se pueden poner ciertas normas para favorecer la cooperación entre los integrantes del grupo:
- Los lanzamientos de los pompones son efectuados por cada uno de los alumnos, pero cuidado porque el pompón que se haya lanzado no puede volverse a recoger del suelo hasta la próxima operación. De esta manera, el grupo tenderá a cooperar y decidir cuántos pompones se lanzan para no pasarse del resultado y quienes serán los lanzadores.

VARIANTES:

. Variar la dificultad de las operaciones según la edad de los alumnos.
. Emplear otro material para el lanzamiento: chapas, piedras...
. Modificar la distancia del lanzamiento.
: Cambiar la mano de lanzamiento.
. Dividir la clase en más grupos.
. Utilizar el canal oral para comunicar la operación, en lugar de las cartulinas.
. Trabajar la puntería: solo serán válidos los pompones que estén dentro del aro y éstos no se podrán recoger para ser lanzados de nuevo hasta la próxima operación.

Nº 25 — EL NÚMERO LOCO — CICLO: 1º-2º-3º

CONTENIDO:
Dinámica grupal para la vuelta a la calma.

INTERDISCIPLINARIEDAD:
Área de Matemáticas.
Múltiplos.
Cálculo mental.

COMPETENCIAS:
2. Matemática.
5. Social y ciudadana.
8. Autonomía e iniciativa personal.

ESPACIO:
Pistas o gimnasio.

MATERIAL:
Ninguno.

ORGANIZACIÓN:
Gran grupo.

PARTE DE LA SESIÓN:
Parte final o vuelta a la calma.

DESCRIPCIÓN GRÁFICA:

DESARROLLO:
Todos los alumnos en círculo. Se elige un número, que dará nombre al juego, por ejemplo "El dos loco". Un niño o niña comienza el juego diciendo en voz alta "UNO", el siguiente niño dará una palmada, el siguiente participante dirá "TRES", el siguiente dará una palmada y así sucesivamente. Se trata de dar una palmada cuando el número que corresponda sea múltiplo de dos. Si un niño falla se empezaría de nuevo.
Si el número loco fuera el tres, el juego sería así: "UNO", "DOS", palmada, "CUATRO", "CINCO", palmada...

VARIANTES:
. Variar la dificultad de los múltiplos según el nivel del alumnado.
. Quien va fallando se va eliminando y se sienta en el círculo, quedando al final un jugador ganador.
. El grupo compite contra sí mismo intentando que todos los alumnos acierten y el número loco de una vuelta al círculo.

Nº 26	EL PAÑUELO MATEMÁTICO	CICLO: 1º-2º-3º

CONTENIDO:
Desplazamientos, velocidad de desplazamiento y velocidad de reacción y juegos populares (el pañuelo).

INTERDISCIPLINARIEDAD:
Área de Matemáticas.
Suma, resta, multiplicación y división.
Cálculo mental.

COMPETENCIAS:
2. Matemática.
5. Social y ciudadana.
6. Cultural y artística.
7. Aprender a aprender.

ESPACIO:
Pistas o gimnasio.

MATERIAL:
Un pañuelo.

ORGANIZACIÓN:
2 grandes grupos.

PARTE DE LA SESIÓN:
Parte principal o central.

DESCRIPCIÓN GRÁFICA:

DESARROLLO:

La clase se divide en dos grupos. A cada integrante de cada uno de los grupos se le asigna un número (uno, dos, tres….), dependiendo del número de alumnos que tenga el grupo. Si los equipos no coinciden en número de componentes, un mismo jugador puede llevar dos números. Cada equipo se coloca uno en frente del otro, separados a la distancia que determine el maestro y detrás de una línea, que marcará la salida. El maestro con un pañuelo en la mano dirá un número mediante una operación, como por ejemplo 3 x 2. Los alumnos que sean el número 6 de cada grupo intentarán coger el pañuelo antes que el otro y llevarlo a su grupo, consiguiendo así un punto para su equipo. Pero atención, si el oponente pilla al jugador que lleva el pañuelo, antes de que atraviese la línea desde donde salió, el punto será para el equipo contrario.

VARIANTES:

. Cambiar la posición de salida de los jugadores: sentados, de espalda…
. Variar el desplazamiento: a la pata coja, en cuadrupedia…
. Modificar la distancia de carrera hasta el pañuelo, alejando o acercando a los grupos.
. Utilizar el canal visual, mediante cartulinas con las operaciones.
. La dificultad de las operaciones dependerá del ciclo al que pertenezcan los grupos.
. Cambiar la organización: 4 grupos formando un cuadrado, aumentando así la participación del alumnado.
. Modificar la acción central: en lugar de coger un pañuelo, han de ponerse un peto, conducir una pelota…trabajando otras habilidades.

Nº 27	LA CALCULADORA	CICLO: 1º-2º-3º
CONTENIDO: Lanzamientos y coordinación óculo-manual. **INTERDISCIPLINARIEDAD:** Área de Matemáticas. Suma, resta, multiplicación y división. Manejo de la calculadora. Cálculo mental. **COMPETENCIAS:** 2. Matemática. 5. Social y ciudadana. 7. Aprender a aprender. 8. Autonomía e iniciativa personal.	**ESPACIO:** Pistas o gimnasio. **MATERIAL:** Piedras y tizas **ORGANIZACIÓN:** Grupos de 4-5. **PARTE DE LA SESIÓN:** Parte principal o central.	**DESCRIPCIÓN GRÁFICA:**
DESARROLLO: La clase se divide en grupos de cuatro a cinco alumnos. Los grupos dibujarán su calculadora de juego con tizas. Cada participante tendrá cuatro piedras para ejecutar los lanzamientos. El objetivo del juego es obtener el mayor resultado mediante una operación matemática (suma, resta, multiplicación o división). El primer jugador en tirar realiza tres lanzamientos consecutivos, intentando por ejemplo caer en la casilla del 2, seguidamente en la del + y por último en la del 4, obteniendo el resultado de 6. Si alguno de los tres lanzamientos cae fuera de la calculadora podrá emplear la cuarta piedra. Además, si alguna de las piedras cae encima de la raya que forman las casillas repetirá el lanzamiento.		**VARIANTES:** . En el *primer ciclo* podemos emplear solo los signo de + y -. . Los alumnos pueden inventar calculadoras: con nuevos números (10,16...), con dos signos X, una casilla fin de tirada, una casilla de un lanzamiento más, con un = para el cuarto lanzamiento.... . Emplear otro material para el lanzamiento. . Modificar la distancia del lanzamiento. . Cambiar la mano de lanzamiento.

Nº 28	NÚMEROS CON PATAS	CICLO: 1º-2º-3º

CONTENIDO:
Desplazamientos y velocidad de desplazamiento.

INTERDISCIPLINARIEDAD:
Área de Matemáticas.
Suma, resta, multiplicación y división.
Cálculo mental.

COMPETENCIAS:
2. Matemática.
5. Social y ciudadana.
7. Aprender a aprender.
8. Autonomía e iniciativa personal.

DESARROLLO:

Los alumnos se distribuyen por el espacio con una pegatina pegada en la frente que contiene una operación matemática, por ejemplo 2 x 7, 8: 2, 5 + 4, 10 -5, etc. A la señal, los niños y niñas intentarán descubrir las operaciones que tienen el resto de sus compañeros. Progresivamente, y en el lugar que ellos elijan, irán apuntando con una tiza el resultado junto al nombre del compañero (Lola 6= 2 + 4, Alba 3….)
Una vez que el tiempo de juego finaliza, contabilizamos el número de operaciones de cada uno de los alumnos y comprobamos las de aquel que diga tener mayor número de resultados, consiguiendo en tal caso la victoria del juego.
Es importante, indicarles como norma que no pueden taparse la frente con la mano, quitarse la pegatina, tumbarse al suelo…. y cualquier tipo de artimaña para que su operación no sea descubierta. La única posibilidad para ello es correr.

ESPACIO:
Pistas o gimnasio.

MATERIAL:
Pegatinas y tizas.

ORGANIZACIÓN:
Grupos de 4-5.

PARTE DE LA SESIÓN:
Parte principal o central.

DESCRIPCIÓN GRÁFICA:

VARIANTES:

. En el *primer ciclo* emplearemos operaciones sencillas.
. Variar los desplazamientos: a la pata coja, en cuadrupedia.
. Desplazamientos grupales, organizando la clase en tríos: dos llevarán una pegatina con un número (3 y 7) y el otro con el signo (+ - x :). Se desplazarán agarrados de las manos (en hilera) o de la cintura (en fila).
. Utilizar lápiz y papel para apuntar los resultados, indicándoles que no pueden correr con ellos, sino que los deben dejar en el lugar que deseen y utilizarlos cuando descubran un resultado. Evitaremos posibles accidentes.

N° 29 — DIVISIÓN EN CADENA

CICLO: 1°-2°-3°

CONTENIDO:
Desplazamientos y velocidad de desplazamiento.

INTERDISCIPLINARIEDAD:
Área de Matemáticas.
La división.

COMPETENCIAS:
2. Matemática.
5. Social y ciudadana.
7. Aprender a aprender.

ESPACIO:
Pistas o gimnasio.

MATERIAL:
Ninguno.

ORGANIZACIÓN:
Gran grupo.

PARTE DE LA SESIÓN:
Parte principal o central.

DESCRIPCIÓN GRÁFICA:

DESARROLLO:

El grupo clase se distribuye por el terreno de juego, mientras que un alumno espera ("el que la queda") a que el maestro de la señal para salir a correr e intentar pillar a algún compañero. En tal caso, el niño pillado pasa a quedarla con el alumno que la quedaba inicialmente, pero deberán ir agarrados de las manos, formando una cadena y así sucesivamente hasta que todos sean cogidos y haya un ganador final. Si los alumnos que forman la cadena se separan, éstos no podrán pillar a nadie hasta que de nuevo se organicen en cadena. La peculiaridad del juego, en relación al área de matemáticas, reside en que el maestro en cualquier momento o antes de iniciar el juego, puede modificar la formación de la cadena:

- Si la cadena está formada por cuatro alumnos se divide en dos.
- Si está con seis la cadena se divide en tres.
- Si la cadena está formada por doce alumnos se divide en cuatro.

De esta forma aumentaremos la dificultad del juego, tanto para los que pillan como para los que corren para no ser cogidos.

VARIANTES:

. En el *primer ciclo* las divisiones serán muy sencillas.
. Siempre que fuera necesario, los que deben ser pillados se pueden desplazar a la pata coja durante un tiempo determinado, facilitando el trabajo a los alumnos que van en cadena.
. Se puede introducir un móvil (pelota, indiaca...) que debe ser lanzado por la cadena para pillar a los compañeros, trabajando así el lanzamiento de precisión

Nº 30	PITAGORÍN	CICLO: 2º-3º

CONTENIDO:
Orientación espacial.

INTERDISCIPLINARIEDAD:
Área de Matemáticas.
Geometría: circunferencias, rectas, ángulos…
Orientación en el plano.
Medidas de longitud.

COMPETENCIAS:
2. Matemática.
3. El conocimiento y la interacción con el mundo físico.

ESPACIO:
Pistas polideportiva.

MATERIAL:
Lápices, gomas, reglas, transportador de ángulos, aros, ladrillos, discos voladores…

ORGANIZACIÓN:
Parejas.

PARTE DE LA SESIÓN:
Parte principal o central.

DESCRIPCIÓN GRÁFICA:

DESARROLLO:

La clase se divide en parejas. Cada pareja debe haber traído un lápiz, una goma, una regla y un transportador de ángulos. Distribuidos por el espacio habrá objetos como aros, ladrillos, discos voladores…. y aquellos que se nos ocurra. Se le entrega una ficha a cada pareja de alumnos que deberán completar de forma correcta en el menor tiempo posible.
En dicha ficha habrá un mapa mudo del lugar y cuestiones tales como:
- En la pista polideportiva hay pintados un círculo y dos semicírculos: dibuja su ubicación en el mapa.
- ¿Cuánto mide de ancho el poste de la portería de fútbol sala?
- De los materiales que ves por la pista, ¿hay algún cubo?, ¿cuál? Dibuja su ubicación en el mapa.
- Encuentra un ángulo recto: compruébalo con el transportador de ángulos e indica su ubicación en el mapa.
- ¿Cuál es el diámetro aproximado de los aros que hay en la pista?¿Y de los discos voladores?. ¿Sabrías decirme también el radio aproximado de ambos materiales?
- Etc.
La pareja que antes complete las preguntas de forma correcta ganará el juego.

VARIANTES:

. En el *segundo ciclo* se realizará con los alumnos del segundo nivel.
. El mapa puede ser de todo el colegio, dificultando la orientación del alumno.
. El juego se puede transformar en un juego de pistas, debiendo descifrar un mensaje secreto al finalizar el juego, tal y como mostramos:
Pista nº1:"Soy un círculo y también dos semicírculos, ¡vaya lío!. Soy el centro y el lugar de inicio en muchos deportes". En el centro de la pista polideportiva habrá una pequeña pegatina con en nº1 y la palabra SOLIDARIDAD para el mensaje secreto final. Deben también ubicar su posición en el mapa.

Nº 31	RELOJ MENTAL	CICLO: 1º-2º-3º

CONTENIDO:
Percepción temporal.

ESPACIO:
Pistas o gimnasio.

DESCRIPCIÓN GRÁFICA:

INTERDISCIPLINARIEDAD:
Área de Matemáticas.
Los minutos y segundos.

MATERIAL:
Ninguno.

ORGANIZACIÓN:
Individual.

COMPETENCIAS:
2. Matemática.
7. Aprender a aprender.
8. Autonomía e iniciativa personal.

PARTE DE LA SESIÓN:
Parte final o vuelta a la calma.

DESARROLLO:

Los participantes se colocan sentados o tumbados en círculo. Se les pedirá que se quiten los relojes, cierren los ojos y traten de relajarse. El maestro indicará una cantidad de tiempo: 20 segundos, 30 segundos, 1 minuto… Cuando los alumnos crean que el tiempo indicado ya ha pasado levantarán suavemente y sin hacer ruido, para no despistar al resto de compañeros, su brazo. Transcurrido el tiempo, el maestro orientará al grupo, indicando que alumnos han acertado, cuales han sido los que se han acercado y cuales se han pasado.

Es un juego interesante para que los niños tomen conciencia del tiempo y su transcurso.

VARIANTES:

. En el *primer ciclo*, previamente, podemos mostrarles un reloj, para que comprueben el transcurso de los segundos.
. En los ciclos superiores podemos utilizar conceptos como medio minuto, tres cuartos de minuto… trabajando así mismo las fracciones.
. En lugar de sentados, los alumnos caminarán por el espacio, siendo un paso igual a un segundo. Cuando crean que el tiempo indicado ha finalizado se pararán y sentarán.

Nº 32	LOS OBJETOS MATEMÁTICOS		CICLO: 1º-2º-3º
CONTENIDO: Velocidad de desplazamiento y orientación espacial.	**ESPACIO:** Pistas o gimnasio.	**DESCRIPCIÓN GRÁFICA:**	
INTERDISCIPLINARIEDAD: Área de Matemáticas. Suma, resta, multiplicación y división. Cálculo mental.	**MATERIAL:** Objetos que se puedan esconder fácilmente y se puedan escribir en él.		
	ORGANIZACIÓN: Individual.		
COMPETENCIAS: 2. Matemática. 3. El conocimiento y la interacción con el mundo físico. 8. Autonomía e iniciativa personal.	**PARTE DE LA SESIÓN:** Parte principal o central.		
DESARROLLO: Se preparan unos objetos, que en nuestro caso son unos cilindros de cartón parecidos a los desechados por los rollos de papel higiénico. En ellos se colocan unos números y seguidamente se esconden por todo el centro escolar. Después los niños salen en busca de ellos en forma de scoring (carrera en la que no tienen que seguir ningún orden en la búsqueda de los cilindros). Se les dará un tiempo para que vuelvan con los cilindros que encuentren y seguidamente se les manda a hacer una operación de suma, para que sumen todos los números de los objetos. El jugador que obtenga la mayor cifra ganará, no tiene porque ser el que más cartuchos tenga ya que pueden coger muchos cartuchos de numeración baja. Este jugador será el encargado de esconder los cilindros para una nueva partida.		**VARIANTES:** . Las operaciones pueden variar en cada partida no trabajando solo la suma, por ejemplo al llegar se les pide que multipliquen por algún número la suma de todos sus números, o bien la dividan, etc. . Un niño puede ser el encargado de esconder los objetos en la partida siguiente, por ejemplo el que gane con algún ayudante.	

N° 33	LA BRÚJULA PIRÚJULA	CICLO: 3º

CONTENIDO: Orientación con brújula.	**ESPACIO:** Cualquier espacio al aire libre.	**DESCRIPCIÓN GRÁFICA:**
INTERDISCIPLINARIEDAD: Área de Matemáticas. Manejo de la brújula. Orientación: grados y coordenadas. Medidas de longitud: pies (pasos).	**MATERIAL:** Brújulas y tarjetitas.	
COMPETENCIAS: 2. Matemática. 3. El conocimiento y la interacción con el mundo físico. 5. Social y ciudadana. 7. Aprender a aprender.	**ORGANIZACIÓN:** Parejas o grupos de cuatro.	
	PARTE DE LA SESIÓN: Parte principal o central.	
DESARROLLO: Previamente, para poder realizar el juego los alumnos deben conocer el manejo básico de la brújula. Este conocimiento lo pueden adquirir en clase de matemáticas. En pareja o grupo de cuatro. Se organiza un recorrido a través de tarjetas con una serie de coordenadas por todo el espacio. Cada tarjeta tendrá coordenada tipo, *20º NE (Noreste)* - *17 pasos*. A los 17 pasos en dirección 20º NE se encontrará otra tarjetita con otra coordenada que le llevará a otra tarjetita y así sucesivamente hasta completar el circuito.		**VARIANTES:** . En cada tarjeta se puede poner una operación matemática, cuyo resultado indicará los grados o los pasos que los alumnos deben tener en cuenta para continuar su recorrido.

N° 34	LAS OPERACIONES HUMANAS	CICLO: 1°-2°-3°

CONTENIDO:
Desplazamientos, velocidad de reacción y de desplazamiento y cooperación grupal.

INTERDISCIPLINARIEDAD:
Área de Matemáticas.
Suma, resta, multiplicación y división.
Cálculo mental.

COMPETENCIAS:
2. Matemática.
5. Social y ciudadana.
7. Aprender a aprender.

DESARROLLO:

Se hacen dos grupos y se colocan enfrentados a cada lado del lugar de juego. En el centro, entre los dos grupos, se colocan dos círculos con el nombre o color de cada equipo identificado. El director del juego gritará una operación matemática (suma, resta, división o multiplicación), dependiendo del nivel u objetivo de la sesión. Dicha operación podrá ser trasmitida por medio visual a través de una pizarra o carteles preparados. Cuando el director diga la operación, rápidamente cada equipo deberá expresar el resultado de la misma entrando en el círculo el número exacto de jugadores. Por ejemplo si la operación es 2 + 5, en el círculo debe haber 7 jugadores, los cuales deben salir rápidamente hacia él y sentarse. El primer equipo que lo logré correctamente ganará un punto.

ESPACIO:
Pistas o gimnasio.

MATERIAL:
Pizarra (opcional), carteles (opcional) o ninguno.

ORGANIZACIÓN:
Dos grandes grupos.

PARTE DE LA SESIÓN:
Parte principal o central.

DESCRIPCIÓN GRÁFICA:

VARIANTES:
. Pueden desplazarse a pata coja, reptando, saltando, etc.
. Las operaciones para el *primer ciclo* serán sumas y restas sencillas.
. Para fomentar la cooperación grupal, alumno que esté dentro del círculo no podrá salir, de forma que deben decidir que alumnos irán y cuantos.

Nº 35	UNDIR LA FLOTA	CICLO: 3º
CONTENIDO: Orientación espacial. **INTERDISCIPLINARIEDAD:** Área de Matemáticas. Manejo de la brújula. Orientación en el plano: coordenadas. **COMPETENCIAS:** 2. Matemática. 3. El conocimiento y la interacción con el mundo físico. 5. Social y ciudadana.	**ESPACIO:** Pistas o gimnasio. **MATERIAL:** Folios, ladrillos o similar y lápices. **ORGANIZACIÓN:** Dos grandes grupos o pequeños grupos jugando simultáneamente en diferentes espacios. **PARTE DE LA SESIÓN:** Parte final o vuelta a la calma	**DESCRIPCIÓN GRÁFICA:**
DESARROLLO: Se organizan dos equipos y se les reparte un folio para que dibujen una cuadrícula con las coordenadas a-1, a-2, a-3, a-4, etc. En la pista o gimnasio se dibuja la misma cuadrícula. Una vez realizado ésto se les pide que en el folio dibujen y coloquen unos barquitos ocupando las cuadrículas. De esta forma cada equipo tendrá una flota sin que el otro equipo sepa donde está colocado. El juego comienza con un equipo que dirá en voz alta una coordenadas como "b - 16" entonces el equipo contrario después de mirar su folio dirá si ha sido tocado o ha sido agua. En el caso de tocado se colocará un ladrillo en la cuadrícula pertinente.		**VARIANTES:** . Se pueden decidir las coordenadas con un lanzamiento de un disco a la zona de juego cuadriculada.

Nº 36	QUIEN REPARTE SE LLEVA LA MEJOR PARTE	CICLO: 2º-3º

CONTENIDO:
El juego.

INTERDISCIPLINARIEDAD:
Área de Matemáticas.
La división.

COMPETENCIAS:
2. Matemática.
5. Social y ciudadana.
7. Aprender a aprender.
8. Autonomía e iniciativa personal.

ESPACIO:
Pistas o gimnasio.

MATERIAL:
Chapas.

ORGANIZACIÓN:
Parejas.

PARTE DE LA SESIÓN:
Parte final o vuelta a la calma.

DESCRIPCIÓN GRÁFICA:

DESARROLLO:

La clase se divide en parejas. Cada miembro de la pareja con 20 o 25 chapas, sentados uno enfrente del otro. El maestro propone una división, por ejemplo "20 entre 2". Cada niño debe calcular la división físicamente con las chapas y expresar el resultado con las mismas, en este caso serían 10 chapas. Con cada resultado correcto el niño suma 1 punto, ganando el miembro de la pareja que más puntos consiga al final.

VARIANTES:

. El maestro puede variar los canales de comunicación a la hora de indicar la división: voz alta, canal visual a través de cartulinas (9:3=), etc.
. Gana 1 punto el miembro de la pareja que antes resuelva correctamente la división.
. Se pueden utilizar otras operaciones básicas: suma, resta y multiplicación.
. En lugar de jugar en pareja juegan todos contra todos y el alumno más rápido levanta la mano. Si el resultado es correcto será el encargado de proponer la siguiente división.
. Utilizar piedras u otro material en vez de chapas.

Nº 37	ESCALERA DE MEDIDAS		CICLO: 2º-3º

CONTENIDO:
El juego. Desplazamientos. Velocidad de desplazamiento.

INTERDISCIPLINARIEDAD:
Área de Matemáticas.
Medidas de longitud, peso y capacidad.
Multiplicación y división.

COMPETENCIAS:
1. Comunicación lingüística.
2. Matemática.
5. Social y ciudadana.
7. Aprender a aprender.

ESPACIO:
Zona de escaleras.

MATERIAL:
Láminas, papel y lápiz.

ORGANIZACIÓN:
Grupos pequeños (4-5 alumnos).

PARTE DE LA SESIÓN:
Parte principal o central.

DESCRIPCIÓN GRÁFICA:

DESARROLLO:

Utilizando algunas escaleras que haya en el centro preparamos previamente el espacio. Se trata de pintar o colocar láminas (A3 plastificado) en cada escalón que indiquen, por ejemplo, los **Km, hm, dam, m, dm, cm y mm**. Además, se pondrán **dos láminas** en la pared que indiquen con una flecha que si **bajamos** un escalón **multiplicamos por 10** y si **subimos** un escalón **dividimos entre 10**.
Posteriormente la clase se organiza en pequeños grupos, de 4 o 5 alumnos. Cada grupo tendrá un lápiz y un papel (a ser posible reutilizable). El maestro dice una operación, por ejemplo, "**3.000 metros:** ¿**cuántos Km son?**". Entonces, los alumnos deben responder anotando el resultado en el papel y las cuentas si es necesario. Seguidamente, correrán y se subirán todos juntos en el peldaño (en este caso en el de los **m**) correspondiente alzando el resultado escrito en el papel. Previamente a la resolución del problema planteado, el grupo puede desplazarse a la escalera para subir y bajar los escalones, experimentando cuantos escalones han de subir o bajar, es decir, si han de dividir o multiplicar y por cuanto.
El equipo que antes lo consiga, estando el resultado correcto, obtiene un punto.

VARIANTES:

. Utilizar las medidas de peso (Kg, hg, dag, g, dg, cg y mg) y las medidas de capacidad (Kl, hl, dal, l, dl, cl y ml).
. El maestro puede variar los canales de comunicación a la hora de indicar el cambio: voz alta, canal visual a través de cartulinas escritas, trabajándose la lectura, etc.
. La distancia de los equipos con respecto a la escalera puede variar, de forma que la distancia de los desplazamientos hacia ésta también varíe.
. Pueden variar los tipos de desplazamientos hacia la escalera: a la pata coja, reptando, con transporte de un compañero, botando una pelota....

Nº 38	¿QUÉ HORA ES?		CICLO: 1º-2º-3º
CONTENIDO: Desplazamientos, velocidad de desplazamiento y de reacción. Saltos.	**ESPACIO:** Pistas o gimnasio.		**DESCRIPCIÓN GRÁFICA:**
INTERDISCIPLINARIEDAD: Área de Matemáticas. El tiempo. La hora.	**MATERIAL:** Ninguno.		
	ORGANIZACIÓN: Gran grupo.		
COMPETENCIAS: 2. Matemática. 5. Social y ciudadana.	**PARTE DE LA SESIÓN:** Parte principal o central.		
DESARROLLO: Un niño la queda en un extremo de la pista mientras que el resto estará en el otro extremo. El grupo clase preguntará en voz alta: **"¿qué hora es?"** y el niño que la queda responderá con una hora: **"las dos"**. En ese momento, los niños tienen que dar tantos pasos según la hora que se diga. De nuevo el grupo seguirá preguntando la hora y acercándose al niño que la queda y así sucesivamente hasta que éste diga: **"¡la hora de correr!"** Entonces el niño que la queda perseguirá a los demás hasta que pille a alguno. El niño pillado pasará a quedarla.			**VARIANTES:** . Utilizar saltos en lugar de pasos. . Se pueden añadir animales para variar el desplazamiento, por ejemplo pasos de canguro (con saltos), pasos de hormiga (pequeñitos), pasos de cangrejo (cuadrupedia invertida)... . Utilizar un reloj de cartón grande (lo pueden elaborar los mismos alumnos previamente en clases de Educación Artística), donde el niño que la quede ira fijando y mostrando la hora. . Se puede indicar la hora con minutos: por ejemplo, **"las dos y diez"**. Los alumnos sumarán y deberán dar doce pasos.

Nº 39	DON METRO	CICLO: 1º-2º-3º

CONTENIDO:
Lanzamientos. Golpeos. Saltos. Desplazamientos.

INTERDISCIPLINARIEDAD:
Área de Matemáticas.
Medidas de longitud: el metro y el centímetro.
Decimales (Ciclo 2º y 3º).

COMPETENCIAS:
2. Matemática.
5. Social y ciudadana.
7. Aprender a aprender.

ESPACIO:
Pistas.

MATERIAL:
Conos, tizas y móviles (discos voladores, pompones, pelotas...).

ORGANIZACIÓN:
Parejas.

PARTE DE LA SESIÓN:
Parte principal o central.

DESCRIPCIÓN GRÁFICA:

DESARROLLO:

Previamente al juego el maestro debe preparar el espacio del mismo. Para ello, y por ejemplo en la pista polideportiva utilizando el largo o el ancho, según se prefiera, el maestro irá indicando con conos y tizas las siguientes distancias desde un extremo al otro: **1m** (primer cono y pintado en el suelo con tiza 1 m grande para que se vea), **2m, 3m** y así sucesivamente.
Preparado el terreno de juego, la clase se divide en parejas. A cada pareja se le entrega un móvil, ya sea un disco volador, una pelota, un pompón, etc. A lo largo del juego irá variando para que los alumnos experimenten con diferentes materiales. Comienza el juego y el maestro indica en voz alta una distancia: **"7m"**. El primero de la pareja intenta lanzar el móvil lo más cerca posible a la distancia indicada. Después lanza el otro compañero. Quien más se acerque a los 7m gana 1 punto y así sucesivamente con diferentes distancias, ganando finalmente quien más puntos alcance. Sería aconsejable, para saber donde ha caído el primer lanzamiento que los alumnos lo marquen con tiza (una señal) o el primer lanzador se coloque a la altura donde cayó su lanzamiento.

VARIANTES:

. Practicar los lanzamientos con la mano dominante y la no dominante. Con el pie (golpeos)
. Para el ciclo 2º y 3º se pueden señalar con conos de otro color los medios metros. Así se puede indicar un lanzamiento de **7m y medio**...
. El maestro puede indicar las distancias de diversas formas y utilizar diferentes canales. Voz alta: "¿quién lanza más cerca de 8m?", "¿quién es capaz de lanzar a más de 15m?... Canal visual, en una cartulina escrita: 5m, cinco metros, 5m y medio, **5'5m, 5m y 50cm,** cinco metros y medio, cinco metros y cincuenta centímetros...
. Trabajar saltos y desplazamientos : ¿quién salta 1m...?, ¿cuántos saltos necesitáis para llegar a 8m...?, ¿quién es capaz de caminar con los ojos cerrados y acercarse a los 5m...?, etc.

Nº 40	EL ÁBACO	CICLO: 1º-2º-3º
CONTENIDO: Lanzamientos y coordinación óculo-manual. Juego cooperativo. **INTERDISCIPLINARIEDAD:** Área de matemáticas. Representación y descomposición de números: unidades, decenas, centenas, unidades de millar.... **COMPETENCIAS:** 2. Matemática. 5. Social y ciudadana. 7. Aprender a aprender.	**ESPACIO:** Pistas o gimnasio. **MATERIAL:** Ladrillos, picas, aros pequeños y pegatinas. **ORGANIZACIÓN:** Pequeños grupos de 4 o 5 alumnos. **PARTE DE LA SESIÓN:** Parte principal o central.	**DESCRIPCIÓN GRÁFICA:**

DESARROLLO:

Después de organizar la clase en grupos de 4-5 alumnos, explicamos a los niños que el juego consiste en representar determinados números de varias cifras en un ábaco fabricado por nosotros mismos con el material de Educación Física. Cada grupo contará con un ábaco: los ladrillos servirán de base y sostendrán una pica cada uno. El número de ladrillos y picas variará, en función de los números que vayamos a representar. Por ejemplo, 2 ladrillos y 2 picas en Primer Ciclo - números de 2 cifras, en Segundo Ciclo – números de 5 ladrillos y 2 picas en Primer Ciclo - números de 2 cifras, en Segundo Ciclo - números de 5 cifras y en Tercer Ciclo – números de 6 cifras. Cada ladrillo tendrá en la base una pegatina con las iniciales, según corresponda y si es posible cada ladrillo y su pica será de un color: U (Unidades - Rojo), D (Decenas - Celeste), C (Centenas -Verde), UM (Unidades de millar - Amarillo), DM (Decenas de millar - Violeta) y CM (Centenas de millar – Azul oscuro). Cada equipo tendrá un lote de aros pequeños, si fuera posible de colores teniendo en cuenta lo anterior. El maestro dice un número, por ejemplo 431 y el equipo por turno, intentará lanzar y colar en las picas 1 aro rojo en las Unidades, 3 aros celestes en las Decenas y 4 aros verdes en las Centenas. El equipo que antes lo represente correctamente será el ganador de esa tirada.

VARIANTES:

. Variar la mano de lanzamiento, así como la distancia.
. Se puede incluir una acción previa al lanzamiento, por ejemplo, una carrera, en forma de relevos.
. El maestro puede variar el canal de comunicación, en lugar de la voz, utilizar el canal visual: cartulinas con números.
. Variar la dinámica de lanzamiento, en vez de por turno, cada alumno tiene que lanzar a una cifra (uno a las Unidades, otro a las Decenas...) y lanzan todos al mismo tiempo.

4.3 JUEGOS: INTERDISCIPLINARIEDAD CON EL ÁREA DE CONOCIMIENTO DEL MEDIO.

Nº 41	¡AY VA, QUE TACTO TENGO!	CICLO: 1º-2º-3º

CONTENIDO:
Percepción espacial, desplazamientos y velocidad de desplazamiento.

INTERDISCIPLINARIEDAD:
Área de Conocimiento del Medio.
Los sentidos: el tacto y la vista.

COMPETENCIAS:
1. Comunicación lingüística.
3. El conocimiento y la interacción con el mundo físico.
5. Social y ciudadana.
7. Aprender a aprender.
8. Autonomía e iniciativa personal.

DESARROLLO:
Se hacen varios grupos de cuatro o cinco jugadores. En un lado de la pista se colocan los equipos para esperar su turno y en el medio de la misma se repartirán en frente de cada equipo una caja con varios objetos pequeños y medianos. A la señal el primero de cada fila deberá correr hasta la caja, donde se colocará una venda en los ojos antes de abrirla. Entonces tendrá que tocar los objetos para intentar adivinar cuáles son y posteriormente los apuntará en un papel. Al finalizar su tiempo seguirá corriendo hasta el otro lado de la pista para que no pueda comunicarse con sus compañeros. Al finalizar la ronda de salidas se hará recuento y el que equipo que más aciertos tenga será el ganador.

ESPACIO:
Pistas o gimnasio (puede ser un buen juego para los días de lluvia en el aula eliminando el desplazamiento).

MATERIAL:
Caja, pañuelos y objetos diversos: botones, pilas, sacapuntas, cuerdas, libros, gomas....

ORGANIZACIÓN:
Grupos de 4-5 jugadores.

PARTE DE LA SESIÓN:
Sin desplazamientos para la vuelta a la calma, y con desplazamiento para la parte principal.

DESCRIPCIÓN GRÁFICA:

VARIANTES:
. Se puede seguir jugando si se cambian las cajas de equipos, para eso en cada caja debe haber elementos diferentes.
. Usar elementos naturales, como piedras, hojas...
. Los desplazamientos a las cajas pueden ir variando: a la pata coja, reptando...
. A los alumnos del *primer nivel del primer ciclo* el número de objetos se les reducirá. Los memorizarán en lugar de escribirlos.

Nº 42 — EL ARO DE NOÉ

CICLO: 1º-2º-3º

CONTENIDO:
Desplazamientos, transportes, bote, coordinación dinámica general y óculo-manual, velocidad de desplazamientos, cooperación-oposición.

INTERDISCIPLINARIEDAD:
Área de Conocimiento del Medio. Clasificación de los seres vivos.

COMPETENCIAS:
5. Social y ciudadana.
3. El conocimiento y la interacción con el mundo físico.
7. Aprender a aprender.
8. Autonomía e iniciativa personal.

ESPACIO:
Pistas o gimnasio.

MATERIAL:
Aros y balones, pelotas o cualquier cosa a la que se le pueda pegar una tarjeta.

ORGANIZACIÓN:
Grupos de 5.

PARTE DE LA SESIÓN:
Parte principal o central.

DESCRIPCIÓN GRÁFICA:

DESARROLLO:
La clase se divide en grupos de cinco a los que se les reparte un aro grande donde depositar los balones, los aros estarán colocados en la periferia del campo. En el medio de la pista se dejarán balones, (o cualquier otro material oportuno), con pegatinas de animales. Previa explicación de la clasificación de animales, el juego consiste en que cada equipo tendrá que recolectar en el menor tiempo posible todos animales que pertenezcan a una clasificación antes dada.
EJEMPLO:
1.- Según tengan esqueleto o no: vertebrados o invertebrados.
2.- Según la forma de nacer: ovíparos o vivíparos.
3.- Según los alimentos que necesitan: herbívoros, omnívoros o carnívoros.
4.- Según la forma de desplazarse: andando, volando, reptando, nadando...
5.- Según el medio en el que viven: terrestres, acuáticos....

VARIANTES:
. Puede variar el espacio, pudiéndose realizar en el medio natural siendo más atractivo.
. Variar los desplazamientos a la pata coja, etc.
. Resolución de problemas: ¿quién es capaz de transportarlo sin usar las extremidades superiores/inferiores?.
. Mando directo: utilizando la mano derecha, izquierda (lateralidad), etc.
. Desplazarse botando la pelota.
. Los alumnos previamente han dibujado o coloreado las pegatinas con los animales.

Nº 43	EL ESQUELETO SIN HUESOS		CICLO: 1º-2º-3º
CONTENIDO: Percepción e imagen corporal y lanzamientos.	**ESPACIO:** Pistas o gimnasio.		**DESCRIPCIÓN GRÁFICA:**
INTERDISCIPLINARIEDAD: Área de Conocimiento del Medio. El cuerpo humano: partes. Los huesos y músculos. Órganos.	**MATERIAL:** Balones, canastas o cajas de cartón grandes, huesos del cuerpo humano, dibujados y recortados en cartulina.		
	ORGANIZACIÓN: Pequeños grupos.		
COMPETENCIAS: 3. El conocimiento y la interacción con el mundo físico. 5. Social y ciudadana. 6. Cultural y artística. 8. Autonomía e iniciativa personal.	**PARTE DE LA SESIÓN:** Parte principal o central.		
DESARROLLO: Se organizan tres o cuatro grupos a los que se les dará un balón y se les pondrá delante de una canasta o caja de cartón grande, (algún lugar donde se pueda encestar una pelota de goma espuma o similar). En otra caja estarán sueltos todos los huesos del cuerpo humano, (tibia, peroné, fémur, cadera, columna vertebral, costillas, esternón, omóplato, húmero, radio, cubito, cráneo). Cada equipo intentará un lanzamiento por turno de jugador, si el jugador de un equipo acierta el lanzamiento, éste puede coger un hueso y correr hasta un lugar determinado en el suelo o pared, en el que comenzará a organizar los huesos de dicho esqueleto correctamente, poniendo cada hueso en su sitio. Cuando lo coloque el siguiente jugador intentará su lanzamiento y así sucesivamente hasta que el esqueleto esté formado correctamente. Gana el equipo que complete su esqueleto de forma correcta.		**VARIANTES:** . Se puede suprimir lo del lanzamiento y hacerlo a modo de relevo simplemente. Variando los desplazamientos. . Al igual que con el esqueleto humano se puede organizar con el esqueleto de otro animal o incluso con la colocación de los órganos vitales o músculos. . Para el *primer ciclo*: partes del cuerpo; ojos, cabeza, tronco, piernas... . Los jugadores previamente pueden haber dibujado, coloreado y recortado los huesos.	

Nº 44	EL SUPERMERCADO		CICLO: 1º-2º-3º
CONTENIDO: Desplazamientos, velocidad de desplazamiento y saltos.	*ESPACIO:* Pistas o gimnasio.	*DESCRIPCIÓN GRÁFICA:*	
INTERDISCIPLINARIEDAD: Área de Conocimiento del Medio. La nutrición. Los alimentos.	*MATERIAL:* Tarjetas de cartulina.		
	ORGANIZACIÓN: Gran grupo y 4 alumnos que la quedan.		
COMPETENCIAS: 3. El conocimiento y la interacción con el mundo físico. 5. Social y ciudadana. 6. Cultural y artística. 8. Autonomía e iniciativa personal.	*PARTE DE LA SESIÓN:* Parte principal o central.		

DESARROLLO:

Se reparten tarjetas a los alumnos con nombres de alimentos, pertenecientes a los diferentes tipos de alimentos. Cuatro alumnos la quedarán para perseguir a los demás y atraparlos para meterlos en su carrito de la compra. Se trata de atrapar a cuatro alimentos de diferentes grupos como por ejemplo; *leche, carne, arroz y fruta*. El alumno que consiga atrapar a cuatro alimentos diferentes ganará y serán esos cuatro niños los que la quedaran posteriormente. Cada alumno llevará a los atrapados a una esquina del campo. Se atrapará a los niños antes de ver su tarjeta, si no es la tarjeta que busca deberá buscar otra y ese alumno seguirá corriendo. (Previamente se explican los grupos de alimentos)

Grupo1: Leche y sus derivados.
Grupo2: Carne, pescado, huevos. Fruta,
Grupo 3: Arroz, pasta, pan...
Grupo 4: Fruta, verduras, etc.

VARIANTES:

. Los alimentos podrán ir dentro de un saco e irán saltando y el perseguidor podrá ir dentro de otro saco pero de los grandes que se utiliza en las obras, de esta forma el saco grande será como un carro gigante donde se meterán los demás alimentos. De esta forma se trabajará como contenido el salto y la cooperación ya que tienen que ir saltando juntos.

. En el *primer ciclo* las cartulinas tendrán dibujos de los alimentos, que previamente han podido ser coloreados por los propios niños.

Nº 45   LOS 40 ANIMALES   CICLO: 1º-2º-3º

CONTENIDO:
Expresión corporal: mímica.

ESPACIO:
Pistas, gimnasio o aula.

INTERDISCIPLINARIEDAD:
Área de Conocimiento del Medio. Identificación de seres vivos.

MATERIAL:
Un folio y un lápiz por equipo.

ORGANIZACIÓN:
Grupos de 5.

COMPETENCIAS:
1. Comunicación lingüística.
3. El conocimiento y la interacción con el mundo físico.
6. Cultural y artística.
8. Autonomía e iniciativa personal.

PARTE DE LA SESIÓN:
Parte principal o central.

DESCRIPCIÓN GRÁFICA:

DESARROLLO:

La clase se divide en grupos de cinco. A cada equipo se le da un folio y un lápiz, se nombra a un coordinador que será el que escriba los animales en el papel. Durante un tiempo máximo cada equipo escribirá todos los animales que se les ocurra hasta llegar a 40 como máximo (se puede cambiar la cantidad de animales). Al finalizar el tiempo no se podrá escribir ninguno más. El juego comienza con uno de los equipos que tendrá que escenificar el primer animal que aparezca en su lista, el resto de los grupos deberá adivinar de qué animal se trata. El que adivine el animal será el siguiente en jugar. Si un equipo escenifica un animal y el resto de equipos o alguno lo tiene estos tendrán que borrarlo de su lista. Ganará el quipo que tenga más animales sin tachar.

VARIANTES:
. Se puede organizar para que los animales pertenezcan solo a un grupo (mamíferos, aves, etc).
. Juego válido también para la parte final de la sesión o incluso para una sesión entera depende del enfoque y del número de animales.
. Se puede utilizar en días de lluvia, dentro del aula.

Nº 46	NOS VAMOS DE TURISMO	CICLO: 2º-3º

CONTENIDO:
Lanzamiento, recepción, desplazamientos, coordinación óculo-manual y lateralidad.

INTERDISCIPLINARIEDAD:
Área de Conocimiento del Medio. Geografía. Patrimonio cultural.

COMPETENCIAS:
3. El conocimiento y la interacción con el mundo físico.
4. Tratamiento de la información y competencia digital.
6. Cultural y artística.

DESARROLLO:
La primera parte de la sesión es previa a la misma donde los alumnos deberán buscar imágenes de los monumentos más importantes de cada provincia, al menos cuatro por provincia. Se podrán buscar en libros de texto, enciclopedias, Internet (TIC), etc. Estas imágenes se pegarán en discos voladores, colaborando también los alumnos.
Una vez en la sesión, se hacen pequeños grupos de 5 - 6 alumnos, dependiendo del material que hayamos organizado, ya que debe haber el mismo número de monumentos de cada provincia por cada grupo. A un lado de la pista se repartirán los discos con las imágenes donde también se encontrarán los alumnos buscadores de imágenes. Separados por un espacio amplio (15m) estará la otra mitad del grupo con un mapa de Andalucía, los cuales intentarán recepcionar los discos que lanzaran sus compañeros buscadores de imágenes, y los colocarán en la provincia que piensan pertenece cada monumento. Gana el equipo que lo tenga correcto no el que termine primero.

ESPACIO:
Pistas o gimnasio.

MATERIAL:
Discos voladores, imágenes de monumentos andaluces y mapas de Andalucía.

ORGANIZACIÓN:
Grupos de 5-6.

PARTE DE LA SESIÓN:
Parte principal o central.

DESCRIPCIÓN GRÁFICA:

VARIANTES:
. El mismo juego se puede organizar con el mapa de España.
. Se puede sustituir los discos por otro objeto de lanzamiento, balones, bolas, volantes, indiacas, etc.
. Trabajar la lateralidad señalando la extremidad superior encargada de realizar el lanzamiento.

Nº 47 — PAÑUELO DEL DESAYUNO

CICLO: 1º-2º-3º

CONTENIDO:
Velocidad de reacción y de desplazamiento, juegos populares (el pañuelo) y desplazamientos.

INTERDISCIPLINARIEDAD:
Área de Conocimiento del Medio.
La nutrición.
Los alimentos.

COMPETENCIAS:
3. El conocimiento y la interacción con el mundo físico.
5. Social y ciudadana.
6. Cultural y artística.
8. Autonomía e iniciativa personal.

ESPACIO:
Pistas o gimnasio.

MATERIAL:
Pañuelo o similar.

ORGANIZACIÓN:
2 grandes grupos.

PARTE DE LA SESIÓN:
Parte principal o central.

DESCRIPCIÓN GRÁFICA:

DESARROLLO:
Se organiza la clase en dos grandes grupos y se colocan en hileras enfrentadas a unos 15 metros. Cada jugador tendrá el nombre de un alimento para un desayuno saludable, como leche, cereales, etc. Tantos alimentos como niños haya en un grupo para que cada alimento se conceda a los alumnos de ambos equipos. El animador dirá uno de los alimentos y los que lo posean deberán ir a coger el pañuelo y cruzar la línea que forman sus compañeros, gana el equipo que consiga más puntos.

Alimentos para el desayuno saludable.
Leche   Galletas
Cereales   Zumos
Fruta   Aceite
Pan   Miel

VARIANTES:
. Se podrá nombrar alimentos emparejados como por ejemplo, leche con cereales, pan con aceite, de esta forma saldrán dos de cada equipo a por el pañuelo.
. Se puede organizar en cuatro grupos haciendo el relevo en forma de cuadrado para reducir la espera y aumentar la participación.
. Variar los tipos de desplazamientos: saltando, a la pata coja...

Nº 48	VIAJE AL CENTRO DE LA TIERRA		CICLO: 2º-3º

CONTENIDO:
Juegos y percepción espacial.

ESPACIO:
Pistas o gimnasio

DESCRIPCIÓN GRÁFICA:

INTERDISCIPLINARIEDAD:
Área de Conocimiento del Medio. Estructura y composición de La Tierra.

MATERIAL:
Piedras, canicas o similar y tizas.

ORGANIZACIÓN:
Grupos de 4.

COMPETENCIAS:
3. El conocimiento y la interacción con el mundo físico.
5. Social y ciudadana.

PARTE DE LA SESIÓN:
Parte final o vuelta a la calma.

DESARROLLO:

La clase se divide en grupos de 4. Cada grupo dibuja en el suelo una circunferencia con circunferencias concéntricas. A cada círculo concéntrico se le atribuirá un nombre desde fuera hacia dentro (atmósfera, hidrosfera, corteza terrestre, manto superior, manto inferior y núcleo). El juego comienza en la atmósfera donde se situaran los alumnos participantes con un objeto pequeño que se pueda esconder en el puño. Un jugador comienza mostrándole las manos al compañero de la derecha y este deberá intentar acertar en que mano ha escondido el objeto. Si acierta donde está el objeto gana y podrá avanzar a la hidrosfera, si no acierta, será el otro compañero, quien mostraba las manos, el que avance. Después el segundo jugador comenzará mostrándole las manos al compañero de la derecha y así sucesivamente. Gana el jugador que primero llegue al núcleo terrestre.

VARIANTES:
. Repite jugada aquel que avance hasta que falle.
. En lugar de adivinar objetos, tienen que acertar con cuantos dedos le toca en la espalda su compañero, o que letra o números son dibujados en su espalda.

Nº 49 — ¡A POR EL UNIVERSO!

CICLO: 2º-3º

CONTENIDO:
Lanzamientos de precisión, bote y desplazamiento.

ESPACIO:
Pistas o gimnasio.

INTERDISCIPLINARIEDAD:
Área de Conocimiento del Medio.
El Universo y Sistema Solar.

MATERIAL:
Pelotas de distinto tamaño con los nombres de los planetas escritos y cinco cajas o similar.

ORGANIZACIÓN:
Grupos de 5.

COMPETENCIAS:
1. Comunicación lingüística.
3. El conocimiento y la interacción con el mundo físico.
5. Social y ciudadana.

PARTE DE LA SESIÓN:
Parte principal o central.

DESCRIPCIÓN GRÁFICA:

DESARROLLO:

Después de preparar los balones, colocándoles los nombres de cada planeta del Sistema Solar, los repartiremos por toda la pista. Cada equipo (5 jugadores) tendrá una caja en la que deberán encestar los balones una vez los recuperen de la pista. Saliendo por turno cada niño solo podrá coger un planeta (balón) y llevarlo botando hasta su caja para encestarlo. Cuando lo consiga saldrá el compañero siguiente para realizar lo mismo. Ganará el equipo que consiga recuperar y encestar los nueve planetas lo antes posible. ***Mercurio, Venus, La Tierra, Marte, Júpiter, Saturno, Urano, Neptuno y Plutón.***

VARIANTES:

. Podemos incluir en los balones a La Luna y al Sol como elementos importantes del Sistema Solar.
. Se puede realizar el juego de igual forma pero en vez de atrapar todos, solo coger los planetas rocosos o solo los gaseosos.
. Alejar la zona de lanzamiento.
. Una caja grande con un adversario que dificulte el tiro.
. En función de las pelotas de las que dispongamos solo algunos equipos cumplirán el objetivo del juego.

N° 50	EL CORAZÓN VACILÓN	CICLO: 1°-2°-3°
CONTENIDO: Desplazamientos, transportes, conducciones, bote, lanzamientos, bote, equilibrio. *INTERDISCIPLINARIEDAD:* Área de Conocimiento del Medio. El sistema circulatorio. *COMPETENCIAS:* 3. El conocimiento y la interacción con el mundo físico. 5. Social y ciudadana.	*ESPACIO:* Pistas o gimnasio. *MATERIAL:* Balones, cajas grandes o similar. *ORGANIZACIÓN:* Dos grandes grupos. *PARTE DE LA SESIÓN:* Parte principal o central.	*DESCRIPCIÓN GRÁFICA:*
DESARROLLO: Se organiza la clase en dos grandes grupos, uno será el equipo sístole y otro el equipo diástole. El equipo sístole será el encargado de coger el oxígeno (balones) del corazón (caja grande de balones), para llevarlo al organismo que se distribuirá en varias cajas que serán las diferentes partes del cuerpo, las cuales necesitan oxígeno. El equipo diástole al mismo tiempo cogerá ese oxígeno (convertido en monóxido de carbono) de las diferentes partes del cuerpo (cajas pequeñas) y lo llevará de nuevo al corazón para que pueda ser, otra vez, expulsado de forma oxigenada. Gana el equipo que tenga más balones. Importante explicar previamente el funcionamiento del corazón, el sistema circulatorio y su importancia.		*VARIANTES:* . Los alumnos podrán llevar los balones de diversas formas: transportándolos con la manos, conduciéndolos con los pies, botándolos... . Al llegar al lugar para depositar el balón pueden lanzarlo desde una distancia determinada. . Crear un circuito de bancos o ladrillos a modo de venas y arterias (equilibrio).

Nº 51	LAS PAREJAS NATURALES	CICLO: 1º-2º-3º
CONTENIDO: Desplazamientos y equilibrio. **INTERDISCIPLINARIEDAD:** Área de Conocimiento del Medio. Seres Vivos. Las plantas. **COMPETENCIAS:** 3. El conocimiento y la interacción con el mundo físico. 5. Social y ciudadana. 8. Autonomía e iniciativa personal.	**ESPACIO:** Pistas o gimnasio. **MATERIAL:** Tarjetas con parejas de animales, aros y ladrillos. **ORGANIZACIÓN:** Parejas. **PARTE DE LA SESIÓN:** Parte principal o central.	**DESCRIPCIÓN GRÁFICA:**

DESARROLLO:

Se distribuyen por el espacio multitud de tarjetas ya preparadas con el nombre de plantas y frutos. Los niños por parejas estarán en el interior de un aro, encima de un ladrillo en equilibrio, del cual solo podrá salir uno de ellos. A la señal sale uno de los dos y levantará una de las tarjetas que están por el espacio boca abajo, quedándose con la palabra en la memoria y dejando la tarjeta en el lugar donde la encontró. Al llegar al aro donde está su compañero le dará el relevo y le dirá la palabra que ha leído, éste saldrá a levantar otra y hará lo mismo. La idea es ir encontrando las parejas de palabras. Solo en el momento de encontrarlas podrán cogerlas y llevarlas al aro. Gana la pareja que más palabras empareje.

Algunos ejemplos de plantas y frutos.
Castaña - castaño   Limonero – limón   Ciruelo - ciruelas
Nogal - nuez   Higuera – higo   Cerezo - cerezas
Manzano – manzana   Naranjo – naranja   Almendro - almendras
Parra - uva   Platanero – plátano   Pino – piñones

VARIANTES:

. Podemos hacer este juego con multitud de contenidos, como animales, plantas, piedras, etc.
. Variar los desplazamientos: cuadrupedia, reptando….
. Las tarjetas pueden contener imágenes en lugar de palabras escritas.

Nº 52	MEMORY SALVAJE	CICLO: 2º-3º
CONTENIDO: Actividades en la naturaleza. Desplazamiento.	**ESPACIO:** Medio natural o parque cercano al colegio.	**DESCRIPCIÓN GRÁFICA:**
INTERDISCIPLINARIEDAD: Área de Conocimiento del Medio. Seres vivos. Identificación de animales y plantas.	**MATERIAL:** Imágenes o dibujos de plantas y animales.	
	ORGANIZACIÓN: Individual o en pareja.	
COMPETENCIAS: 1. Comunicación lingüística. 3. El conocimiento y la interacción con el mundo físico. 4. Tratamiento de la información y competencia digital. 6. Cultural y artística. 7. Aprender a aprender. 8. Autonomía e iniciativa personal.	**PARTE DE LA SESIÓN:** En cualquier parte de la sesión o incluso convertirse en la única.	
DESARROLLO: Se estipula una ruta por un parque o ruta de senderismo, por la cual se repartirán imágenes parcialmente escondidas. Cada niño realizará el recorrido e intentará memorizar cada imagen vista para luego al finalizar el recorrido decírselas al maestro o apuntarlas en un papel, intentando acertar el máximo número posible de imágenes. Las imágenes pueden ser de plantas o animales del entorno natural próximo.		**VARIANTES:** . Los alumnos pueden ser los encargados de buscar las imágenes, investigando sobre los animales y plantas de su entorno, en diferentes fuentes (libros, enciclopedias, Internet…). . Los participantes pueden recortar, dibujar, colorear las imágenes, siendo los creadores de las propias tarjetas.

Nº 53	NUESTROS AMIGOS LOS RÍOS	CICLO: 1º-2º-3º

CONTENIDO:
Equilibrio dinámico y estático, desplazamientos, saltos, arrastres, trepas y cooperación.

INTERDISCIPLINARIEDAD:
Área de Conocimiento del Medio.
Geografía.
Ríos.

COMPETENCIAS:
3. El conocimiento y la interacción con el mundo físico.
6. Cultural y artística.
7. Aprender a aprender.
8. Autonomía e iniciativa personal.

ESPACIO:
Pistas o gimnasio.

MATERIAL:
Ladrillos, colchonetas, 2 cuerdas grandes, aros y trozos grandes de cartón.

ORGANIZACIÓN:
Dividir la clase en seis grupos.

PARTE DE LA SESIÓN:
Parte principal o central

DESCRIPCIÓN GRÁFICA:

DESARROLLO:

Una vez estudiado los ríos en clase se realizan seis estaciones, donde se representa un río que hay que cruzar. La aventura comienza en la **estación 1**: (Río Segura) en esta estación los alumnos deberán cruzar el río con ayuda de unas piedras (ladrillos) que deben de ir poniendo para ir pasando. **Estación 2**: (Río Duero), en esta ocasión los alumnos deben ayudarse de dos balsas (colchonetas) para cruzarlo. **Estación 3**: (Río Tajo), los aventureros deben sujetar una cuerda y mantenerla tensa mientras los compañeros pasan por ella sin caerse en el río. **Estación 4**: (Río Guadiana), con la ayuda de unas embarcaciones (trozos de cartón), sentados en el cartón deben arrastrarse por el suelo hasta llegar a la otra orilla. **Estación 5**: (Guadalquivir), este río tiene muchas piedras (aros) y los aventureros intentaran saltar de una a otra. **Estación 6**: (Río Ebro), unos desde una orilla tiran de una cuerda para arrastrar a un compañero que esta sentado en una embarcación (trozo de cartón).

VARIANTES:

. Se puede partir del entorno próximo, con ríos de la localidad, provincia, comunidad y extenderse a todo el territorio español.
. Algunas de las estaciones han de ser adaptadas para que las puedan realizar los alumnos del *primer ciclo*.
. Se puede permanecer en la estación por tiempo o cuando todos hayan logrado cruzar el río habrá cambio de estación.

N° 54 — REINO ANIMAL — CICLO: 1°

CONTENIDO:
Desplazamiento y expresión corporal.

INTERDISCIPLINARIEDAD:
Área de Conocimiento del Medio.
El reino animal.

COMPETENCIAS:
1. Comunicación lingüística.
3. El conocimiento y la interacción con el mundo físico.
6. Cultural y artística.
8. Autonomía e iniciativa personal.

DESARROLLO:
Se le pide a los niños que se desplacen por el espacio imitando el movimiento y sonido (onomatopeyas) de diferentes animales, como por ejemplo: un perro, pato, águila, burro, caballo, serpiente, araña, tortuga, cangrejo, gallina, boquerón, etc. Todos se expresan libremente. El maestro o cualquier alumno elegirá el nuevo animal a imitar.

ESPACIO:
Pistas o gimnasio.

MATERIAL:
Ninguno.

ORGANIZACIÓN:
Gran grupo disperso.

PARTE DE LA SESIÓN:
Parte principal o central.

DESCRIPCIÓN GRÁFICA:

VARIANTES:
. Se puede incluir un animal depredador para que persiga a los demás.
. Si se hacen dos grupos se les puede ir cambiando de animales continuamente y estos perseguirán a los otros según la situación del animal en la cadena alimenticia (podría ser valido para otros ciclos)
. Unos representan y otros adivinan el animal.

Nº 55 — EL SEPARADOR NATURAL

CICLO: 2º-3º

CONTENIDO:
Desplazamiento y actividades en la naturaleza.

INTERDISCIPLINARIEDAD:
Área de Conocimiento del Medio.
Las plantas y sus partes.

COMPETENCIAS:
1. Comunicación lingüística.
3. El conocimiento y la interacción con el mundo físico.
6. Cultural y artística.

DESARROLLO:
Aprovechando la salida a algún parque cercano o una ruta de senderismo, pediremos a nuestros alumnos que durante el camino recojan las hojas que más le llamen la atención y que las guarden. Posteriormente a la ruta, cada niño con la ayuda del profesor, de una guía o ficha preparada para el caso, deberá identificar las hojas recogidas poniéndoles nombre. Una vez hecho esto, realizarán una composición en un trozo de cartón o cartulina, donde colocará las hojas con el nombre escrito de forma decorativa. Posteriormente se plastificará y servirá para separar las hojas del libro que nos estemos leyendo en clase.

ESPACIO:
Medio natural, ruta de senderismo o visita al parque de la localidad.

MATERIAL:
Cartulinas o cartoncillos cortados en forma de separador, pegamento, papel para plastificar y rotuladores.

ORGANIZACIÓN:
Gran grupo y participación individual.

PARTE DE LA SESIÓN:
Parte central o final de una sesión en el medio natural.

DESCRIPCIÓN GRÁFICA:

VARIANTES:
. Emplear otras partes de las plantas: floras, tallos, frutos...
. Realizar un concurso de separadores.
. Prepararlos para venderlos y sacar dinero para una causa solidaria o una excursión.
. Regalos para el día de la madre o el padre.
. Se pueden hacer portadas de libros, diseñando sus pastas.
. Durante el sendero también se puede recoger la posible basura que encontremos.

N° 56	ANIMALES DEL BOSQUE	CICLO: 1º-2º-3º

CONTENIDO: Desplazamientos, saltos, velocidad de desplazamiento y velocidad de reacción.	**ESPACIO:** Pistas o gimnasio.	**DESCRIPCIÓN GRÁFICA:**
INTERDISCIPLINARIEDAD: Área de Conocimiento del Medio. Seres vivos: animales y plantas.	**MATERIAL:** Ninguno.	
	ORGANIZACIÓN: Gran grupo.	
COMPETENCIAS: 3. El conocimiento y la interacción con el mundo físico. 5. Social y ciudadana. 8. Autonomía e iniciativa personal.	**PARTE DE LA SESIÓN:** Parte principal o central.	

DESARROLLO:

Antes de jugar se explican unas consignas. Cuando el maestro diga un animal veloz (lince, avestruz, leopardo, etc.) los niños tienen que desplazarse corriendo, cuando el maestro diga un animal que salta (canguro, saltamontes, pulga, etc.) los niños deben desplazarse saltando y cuando el maestro diga un vegetal (pino, tomate, romero, etc.) los alumnos deben pararse y permanecer quietos.

El juego consiste en que uno la queda debiendo perseguir a los demás para pillarlos mientras el maestro va cambiando de consigna, la peculiaridad es que cuando la consigna sea del mundo vegetal todos permanecen parados menos el que la queda que podrá dar tres pasos para pillar a alguien que esté parado. Si lo logra, éste la quedará en su lugar.

VARIANTES:

. La quedan varios niños, en lugar de uno solo.
. Podemos hacer este juego con multitud de contenidos, como animales, plantas, rocas, etc.
. Variar los desplazamientos: cuadrupedia, reptando..., según el animal. Podemos incluir serpientes, animales bípedos, cuadrúpedos, marinos, objetos inertes, etc.
. También podríamos usarlo con los colores del semáforo para educación vial (verde-rápido, naranja-lento y rojo-parado).

Nº 57	EL CAMIÓN DE LA BASURA	CICLO: 1º-2º-3º

CONTENIDO:
Actividades en la naturaleza. El juego. Desplazamientos. Coordinación óculo – manual.

INTERDISCIPLINARIEDAD:
Área de Conocimiento del Medio. Reciclaje.

ESPACIO:
Medio natural o parque cercano al colegio.

MATERIAL:
4 picas de color, conos (chinchetas) y pegatinas.

ORGANIZACIÓN:
4 equipos.

PARTE DE LA SESIÓN:
Parte principal o central.

DESCRIPCIÓN GRÁFICA:

COMPETENCIAS:
1. Comunicación lingüística.
3. El conocimiento y la interacción con el mundo físico.
5. Social y ciudadana.
7. Aprender a aprender.
8. Autonomía e iniciativa personal.

DESARROLLO:

Por la zona de juego se reparten conos con una pegatina debajo en la que colocaremos el nombre de un desecho, por ejemplo lata de refresco, papel de plata, botella de cristal, papel, cáscara de plátano.... Organizamos cuatro equipos (AMARILLO, AZUL, VERDE CLARO Y VERDE OSCURO). Cada uno estará encargado de un tipo de desecho que deberán buscar y recoger para llevarlos y colarlos en la pica correspondiente al color de reciclaje:
Pica AMARILLA: plástico, metal y los brik.
Pica VERDE CLARO: vidrio.
Pica AZUL: cartón y papel.
Pica VERDE OSCURO: desechos orgánicos.
Ganará el equipo que antes lo consiga, habiendo el mismo número de conos por por desecho.

VARIANTES:

. En lugar de hacer equipos por desecho, cada equipo puede recoger cualquier tipo de cono y agruparlos en las picas correspondientes que cada equipo tendrá en un lugar determinado.
. Puede hacerse el juego en situación real, para lo cual necesitaremos guantes y bolsas de basura. En este caso, el espacio de juego será una zona que necesite una limpieza, por ejemplo, el patio de recreo que siempre tiene algún tipo de desecho cuando la sirena suena, porque algún niño no ha cumplido con sus obligaciones.

Nº 58	**EL GUARDABOSQUES**	**CICLO: 2º-3º**

CONTENIDO:
El juego. Desplazamientos.

ESPACIO:
Patio del colegio (zonas ajardinadas, arriates…).

DESCRIPCIÓN GRÁFICA:

INTERDISCIPLINARIEDAD:
Área de Conocimiento del Medio. Las plantas.

MATERIAL:
Cartulinas y colores para hacer tarjetas y lana para colgarlas en las plantas y árboles. Ordenadores.

ORGANIZACIÓN:
Grupos pequeños (4-5 alumnos).

COMPETENCIAS:
1. Comunicación lingüística.
3. El conocimiento y la interacción con el mundo físico.
4. Tratamiento de la información y competencia digital.
6. Cultural y artística.
7. Aprender a aprender.
8. Autonomía e iniciativa personal.

PARTE DE LA SESIÓN:
Parte principal o central

DESARROLLO:
Primero debemos informar a nuestro alumnado sobre las diferentes características de las plantas, árboles, arbustos… y describir las que tenemos en nuestro centro, incluso viendo fotos en la pizarra digital o una presentación en el ordenador. Posteriormente, la clase se organiza en grupos de 4-5 alumnos. Cada grupo dibujará y recortará unas tarjetas con los nombres de las plantas, árboles y arbustos de nuestro centro. Cuando estén listas saldremos al patio. El juego consiste en que cada equipo debe colocar cada tarjeta en la planta correspondiente, ganando el grupo que antes lo consiga. El maestro después pasará a dar el visto bueno.

VARIANTES:
. También se pueden hacer tarjetas con las partes de las plantas: tallo, raíz, ramas, hojas.
. Otra opción sería hacer tarjetas con mensajes de cuidado y respeto de la naturaleza: "No arranques hojas", "cuida las plantas"…
. Las tarjetas se pueden plastificar para que no se estropeen.

Nº 59 — LA CADENA ALIMENTICIA

CICLO: 1º-2º-3º

CONTENIDO:
Desplazamientos, velocidad de desplazamiento y velocidad de reacción.

INTERDISCIPLINARIEDAD:
Área de Conocimiento del Medio.
Los seres vivos: alimentación.
La cadena alimenticia: herbívoros, carnívoros y omnívoros.

COMPETENCIAS:
3. El conocimiento y la interacción con el mundo físico.
5. Competencia social y ciudadana.

ESPACIO:
Pistas o gimnasio.

MATERIAL:
Ninguno.

ORGANIZACIÓN:
3 parejas y 2 grupos.

PARTE DE LA SESIÓN:
Parte principal o central.

DESCRIPCIÓN GRÁFICA:

DESARROLLO:
Una pareja de alumnos será el grupo de **las águilas**, otros dos alumnos serán el grupo de **los conejos** y otra pareja más el grupo de **los zorros**. El resto de la clase, una mitad será el grupo de **los ratones** y la otra mitad el grupo de **las hierbas**. Previamente al juego, preguntamos a los participantes el tipo de alimentación de las águilas (**carnívoros**), de los conejos (**herbívoros**) y de los zorros (**omnívoros**). En base a su tipo de alimentación, las águilas deberán pillar a los ratones, los conejos a las hierbas y los zorros a cualquiera de los dos. El grupo, águilas, conejos o zorros, que más seres vivos consiga atrapar gana el juego. El juego se puede desarrollar de varias formas:

1. Los que le quedan (águilas, conejos y zorros) se desplazan en cadenas independientes y a quienes vayan pillando también pasan a formar parte de la cadena. Si la cadena se parte no pueden continuar pillando hasta que estén de nuevo todos juntos. El resto de alumnos (ratones y hierbas) se desplaza en carrera individualmente hasta que son pillados.

2. "Un poder": lo mismo que el anterior, pero si un alumno-ratón y un alumno-hierba se dan las dos manos y se paran no pueden ser pillados. Se incorporan de nuevo al juego cuando un ratón o una hierba pase por debajo de sus brazos.

3. "Con cárcel": los ratones y hierbas pillados son llevados a una "cárcel o jaula" donde irán formando una cadena. Si un ratón o hierba libre le toca la mano al primero de la cadena, de nuevo todos quedarán libres.

VARIANTES:
. Se pueden utilizar los seres vivos que deseemos.
. Solo un grupo tiene un "poder": por ejemplo, las hierbas se pueden plantar: posición de estatua y no pueden ser pillados hasta que se incorporen de nuevo al juego.
. Los alumnos pueden imitar el desplazamiento de los seres vivos siempre que sea posible: águila (moviendo los brazos), conejos (saltos)...
. Los alumnos de primer ciclo pueden imitar los sonidos de los animales mientras se desplazan.

N° 60	LA GRAN PRUEBA	CICLO: 2°-3°

CONTENIDO:
Habilidades básicas, equilibrio y coordinación.

ESPACIO:
Pistas o gimnasio.

DESCRIPCIÓN GRÁFICA:

INTERDISCIPLINARIEDAD:
Área de Conocimiento del Medio.
Cualquier contenido.

MATERIAL:
4-5 libros de texto de Conocimiento del Medio, tarjetas con preguntas y material necesario para realizar una pista americana de obstáculos.

ORGANIZACIÓN:
4 o 5 grupos pequeños (4-5 alumnos)

COMPETENCIAS:
1. Comunicación lingüística.
3. El conocimiento y la interacción con el mundo físico.
6. Cultural y artística.
7. Aprender a aprender.
8. Autonomía e iniciativa personal.

PARTE DE LA SESIÓN:
Parte principal o central.

DESARROLLO: Primero el maestro organiza una pista americana con muchos obstáculos (ladrillos, neumáticos, bancos suecos, cuerdas, picas...), tantos como contenidos se quieran trabajar (saltos, desplazamientos, giros, equilibrio, coordinación...). Al final de esa pista de obstáculos se colocará un libro de Conocimiento del Medio, uno por cada equipo en una mesa cada uno, separadas para que no se molesten al buscar información.
La clase se divide en 4 o 5 equipos de 4-5 alumnos, los cuales se colocan en fila y saldrán por turnos, como en una carrera de relevos. Comienza el juego, el maestro formula una pregunta escogida al azar de una baraja de tarjetas y el primero de cada fila tendrá que correr y sortear los obstáculos antes que sus compañeros para tener más tiempo en la búsqueda de información. Una vez llegue el primero los equipos tendrán 3 minutos para encontrar la respuesta. Cada equipo puede gestionar esos 3 minutos como quiera de manera que si el primero que fue no encuentra la respuesta puede darle el relevo al siguiente y así sucesivamente. El primero que encuentre la respuesta gana un punto y escogerá una nueva tarjeta con una pregunta para comenzar una nueva partida.

VARIANTES:
. Este juego se puede desarrollar en cualquier área de conocimiento.
. El maestro puede facilitar la búsqueda indicando detalles como n° del tema, "se encuentra entre las páginas...", etc.
. Las tarjetas con las preguntas pueden estar clasificadas en base a un código de colores según los contenidos.
. Realizar el recorrido todos los miembros del equipo y cuando hayan llegado todos a la mesa entonces buscar la respuesta.

5. FUENTES BIBLIOGRÁFICAS.

- **FUENTES LEGISLATIVO-CURRICULARES:**

  o Ministerio de Educación y Ciencia. Consejería de Educación de la Embajada de España en Italia. PROPUESTA CURRICULAR. ETAPA DE PRIMARIA. AREA DE EDUCACIÓN FÍSICA.
  o Ministerio de Educación y Ciencia (2006): LEY ORGÁNICA 2/2006, de 3 de mayo, de Educación.
  o Ministerio de Educación y Ciencia (2006): REAL DECRETO 1513/2006, de 7 de diciembre, por el que se establecen las enseñanzas mínimas de la Educación Primaria.
  o Junta de Andalucía (2007): LEY 17/2007, de 10 de diciembre, de Educación de Andalucía.
  o Junta de Andalucía (2007): Decreto 230/2007, de 31 de julio, por el que se establece la ordenación y las enseñanzas correspondientes a la Educación Primaria en Andalucía.
  o Junta de Andalucía (2007): Orden de 10 de agosto de 2007, por la que se desarrolla el currículo correspondiente a la Educación Primaria en Andalucía.

- **FUENTES DOCUMENTALES:**

  o Jiménez J. R. (2007). Competencias Básicas. Redes, Volumen 1, N° 1.
  o Lenoir, Yves (2004). La interdisciplinariedad en la escuela: ¿un fantasma, una realidad, una utopía?. Revista Praxis, http://www.revistapraxis.cl/ediciones/numero5/lenoir_praxis5.html N° 5.
  o LLeixà. T. (2007). Educación física y competencias básicas. Contribución del área a la adquisición de las competencias básicas del currículo. Revista Tándem, N° 23, pp. 31-37.
  o Muñoz, J.C. (Febrero de 2007). La Educación Física en la Ley Orgánica de Educación. Lecturas: Educación Física y Deportes, Revista Digital http://www.efdeportes.com. Buenos Aires, Año 11, N° 105.
  o V.V.A.A. (2004). Fundamentación y Didáctica de los Ejes Transversales, ¿por qué educar en valores democraticos?. Jabalcuz. Jaén.
  o V.V.A.A. (Marzo de 2008). El desarrollo de las competencias básicas a través de la Educación Física. Lecturas: Educación Física y Deportes, Revista Digital http://www.efdeportes.com. Buenos Aires, Año 12, N° 118.

www.ingramcontent.com/pod-product-compliance
Lightning Source LLC
Chambersburg PA
CBHW080455170426
43196CB00016B/2818